Weegee par Weegee

Weegee par Weegee

Une autobiographie

Traduit de l'anglais (États-Unis)
par Myriam Anderson

LA TABLE RONDE
26, rue de Condé, Paris 6ᵉ

Titre original : *Weegee by Weegee – An Autobiography.*

©1961 *by* Arthur Fellig. Reprinted with permission of the
International Center of Photography, New York, NY.

© Weegee/International Center of Photography/Getty Images.

www.editionslatableronde.fr

© Éditions de La Table Ronde, Paris, 2009,
pour la traduction française.

ISBN 978-2-7103-3121-6.

Sommaire

À MA LAMPE D'ALADDIN MODERNE :

MON APPAREIL PHOTO.

Au quartier général de la police de Manhattan, avec une bombe ramassée par les flics.

Un coup d'œil au téléscripteur, centre névralgique de la ville.

Je rédige mes propres légendes.

Perché sur un rebord de fenêtre, en attendant l'action.

Mon studio.

Ça salit de couvrir les meurtres.

Un criminel très ingénieux.

L'assassinat vu du balcon.

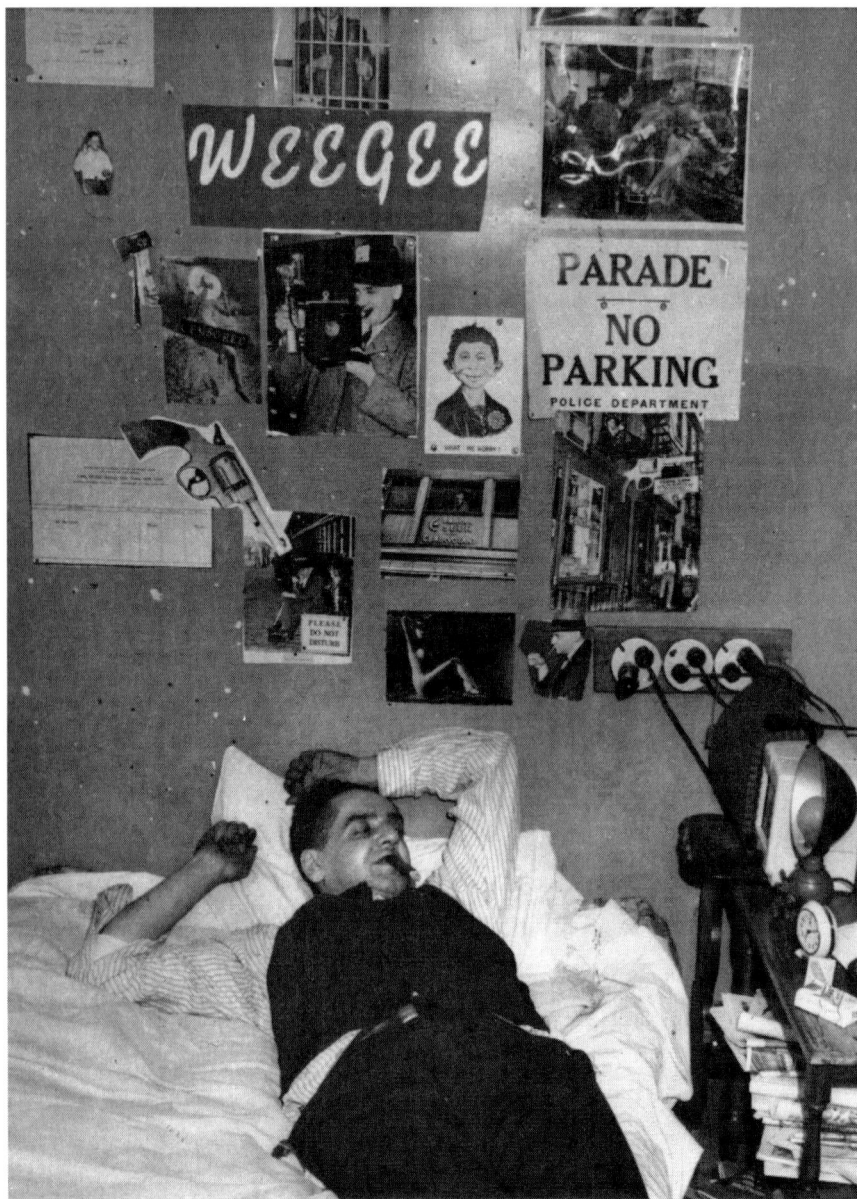

Mon quartier général.

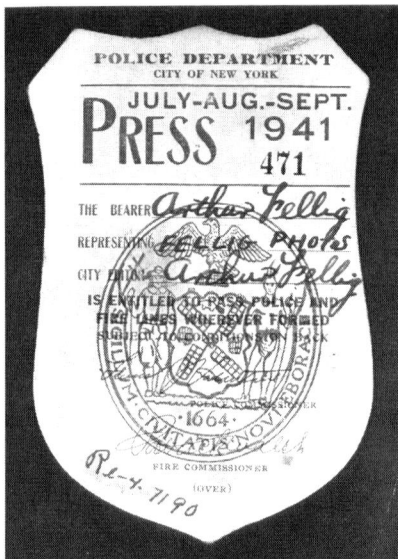

Ma carte de presse.

Signé : Weegee.

TIME, INCORPORATED NEW YORK, NEW YORK

TENDERS ATTACHED CHECK IN FULL SETTLEMENT OF ITEMS LISTED BELOW

EXPLANATION	DATE	AMOUNT	DISCOUNT	TOTAL
TWO MURDERS		35.00		35.00

Le meurtre était mon business.

Au cirque.

Salut, mignonne !

Belle prise au quartier général de la police.

1

Ferrotype

Ma machine à écrire est cassée. Je n'ai pas de dictionnaire, et je n'ai jamais prétendu avoir le moindre sens de l'orthographe, mais si Shakespeare, Balzac et Dostoïevski y sont arrivés à la dure — à la main — pourquoi pas moi ? N'ayant jamais été ni drogué ni alcoolique ni dingo, je n'ai pas besoin de nègre.

Je n'ai pas de tabou — et mon appareil photo non plus. J'ai eu une vie bien remplie, et j'ai tout essayé.

Ce qui pourrait vous paraître anormal à vous, est normal pour moi. Et si je devais recommencer, je ferais tout pareil… juste un peu plus.

Tout ce que j'écris est vrai. Et j'ai les photos, les factures, les souvenirs et les cicatrices pour le prouver.

Je suis né en Autriche, et je suis arrivé en Amérique à l'âge de dix ans.

Comme des centaines d'hommes avant lui, mon père était parti pour l'Amérique en éclaireur, espérant y gagner assez d'argent pour faire venir le reste de la famille. Il s'était installé dans le Lower East Side, où la plupart des immigrants s'amassaient, en grande partie parce que c'est là qu'étaient déjà leurs amis et parents. Il galéra de petit boulot en petit boulot, essayant désespérément de mettre de côté l'argent de notre traversée.

Une fois, nous étions même prêts à partir, bagages bouclés et tout, mais fausse alerte. Notre père nous avait envoyé des dollars en toc. Nous ignorions qu'il pensait nous faire une blague... à nos yeux, l'argent avait l'air bien assez vrai. Un côté des billets annonçait « vingt » et sur l'autre était dessiné un joker... En cette année 1910, les petits gars de Madison Avenue avaient imprimé au dos de ce qui ressemblait à de très jolis billets de vingt des pubs pour tout, des machines à coudre aux phonographes. Mon père avait envoyé une douzaine de ces petites merveilles à ma mère, en Autriche. Deux cent quarante dollars. Folle de joie, elle les avait aussitôt apportés à la banque de Zlothev, notre ville. Laquelle banque, sans poser la moindre question, les avait changés pour du bon vieil argent autrichien. Quand ma mère ramena nos billets pour le paquebot, il lui restait encore de l'argent. Nous étions prêts à partir pour Hambourg, où nous devions embarquer, quand les responsables de la banque nous rattrapèrent. Il y avait eu une erreur. L'argent que Père nous avait envoyé était faux ! Il ne nous restait plus qu'à défaire les bagages et attendre qu'il nous envoie de vrais dollars.

Père continuait à travailler. À ce moment-là, il avait décidé qu'il s'en sortirait mieux en devenant son propre patron, avec sa propre charrette. La deuxième livraison d'argent qui parvint à Zlothev était réglo, et tous les cinq, Mère, mes trois frères et moi, fûmes en mesure de voyager en première.

À Ellis Island, qui nous paraissait le plus bel endroit du monde, les agents de santé de l'Immigration nous examinèrent consciencieusement. Ils accordaient particulièrement d'attention à nos yeux. Un gentil monsieur me donna une banane et une orange. Je n'avais jamais vu ni l'un ni l'autre à Zlothev. L'homme éplucha soigneusement la banane pour moi, mais pour la manger, je me débrouillai. Cela avait un bon goût de… de quoi, je ne sais pas, mais c'était bon. Je compris que si la banane s'épluchait, l'orange probablement aussi, et je m'en chargeai moi-même. Elle était bonne également, l'orange.

Père était venu nous chercher. Il montra aux autorités assez d'argent pour les convaincre que nous ne serions pas à la charge de l'État — ça devait être vingt dollars à ce moment-là — puis il nous emmena dans ce qui fut notre première maison à New York, une petite baraque sur Pitt Street, près de Rivington.

Dans les deux chambres qui surplombaient une boulangerie, la chaleur était aussi étouffante que dans un four des enfers. Le loyer se montait à douze dollars par mois, mais à l'époque, qui pouvait se permettre une telle somme ?

Rapidement, la charrette de mon père s'avéra bien pratique pour déménager vers un autre logement toujours dépourvu d'eau chaude, situé cette fois au coin de Cherry et Jackson Street, près des quais. Nous avions trois chambres au cinquième étage — sans ascenseur. Les toilettes se trouvaient au bout du couloir — on était quatre familles à se les partager. Quant au papier toilette, nous autres les gosses, nous déchirions le

Journal de Hearst… on y trouvait les meilleurs *comics*, comme les *Katzenjammer Kids*, *Abe Kabbible*, *Happy Hooligan* ; et aussi Arthur Brisbane, dont l'édito quotidien s'acharnait à démontrer que n'importe quel gorille ne ferait qu'une bouchée du champion du monde de boxe de l'époque. (Qui cela intéressait-il ?) Mais nous n'avions pas de loyer à payer, car mes vieux étaient devenus les concierges. Ils frottaient et frottaient les escaliers, sortaient les poubelles, et se disputaient avec les locataires pour récupérer l'argent du loyer au nom du proprio, argent qui n'arrivait jamais à temps.

Souvent je me suis endormi en pleurant, affamé, le ventre vide.

Cet automne-là, comme les autres gamins immigrés, je me retrouvai dans une classe de bleus à l'école publique pour apprendre l'anglais. Comme je ne connaissais que le polonais et l'allemand, les autres gamins se moquaient en criant : « Blanc-bec ! Blanc-bec ! » Après deux ans aux côtés des enfants hors cursus, je finis par être admis dans une classe normale.

J'aimais bien cette école. Elle m'a ouvert le monde des livres, dès que j'ai maîtrisé quelques rudiments d'anglais. Mais mon échappatoire de

la réalité, celle du froid et de la faim, est vraiment
venue des livres que j'empruntais à la bibliothèque municipale. Même si je partageais mon lit de
camp avec un de mes jeunes frères, je prenais
toujours le côté du mur. À la lumière d'une bou-
gie posée sur le rebord de la fenêtre, je pouvais
lire jusqu'à l'aube.

Déjà à l'époque, j'étais un oiseau de nuit.
Nous habitions juste à côté de l'école, mais
j'étais simplement incapable de me lever le
matin. Quand j'entendais la cloche sonner, je
sautais du lit, m'habillais à la hâte et fonçais en
classe… sans petit-déjeuner. À midi, je rentrais à
la maison. Ma mère me préparait un déjeuner
léger mais chaud et aussi un penny pour un bon-
bon.

J'aimais mes professeurs. C'était à mes yeux
des gens merveilleux. Ils nous offraient leur
enseignement, et j'avais soif d'apprendre. Cepen-
dant, quand on nous donnait des devoirs, je gri-
bouillais toujours les réponses aussitôt, avant
même que la classe soit terminée. Comme ça, je
n'avais jamais de devoirs à ramener à la maison.

C'est qu'après la classe, moi, j'avais mieux à
faire. J'ai commencé par vendre des journaux.
Mais ça ne me rapportait pas grand-chose, parce

que très peu de gens lisaient l'anglais dans notre quartier. J'avais beau essayer, ça ne marchait pas. Je faisais de mon mieux pour imiter Horatio Alger[1], que la vente à la criée avait conduit de la misère à la richesse. Mais j'en vins assez rapidement à la conclusion qu'Horatio était bidon. Personne ne pouvait avoir un cœur aussi pur. J'arrêtai donc de lire ses exploits et me tournai vers Nick Carter[2]. Le célèbre détective devint mon nouveau héros, et après une semaine de vente de journaux, je me reconvertis dans les bonbons.

J'allai directement chez le producteur où les marchands de bonbons se fournissaient au gros et négociai deux dollars de sucreries à crédit. J'achetai des barres aux amandes Hershey, des chewing-gums Wrigley, des Greenfield's Sponge, des Tootsie Rolls…

Par la suite, j'engrangeai rapidement un bénéfice de un à deux dollars par jour, comme

---

1. Horatio Alger (1832-1899), romancier américain, premier chantre du « travailler plus pour gagner plus » dont les romans exaltent les mérites du self-made-man dans un monde tout entier tendu vers la Réussite. [*Toutes les notes sont de la traductrice.*]

2. Nick Carter, personnage de détective, héros de feuilletons policiers américains des années 1890 dont le succès perdura jusque dans les années 1950, avant de rebondir, dans les années 1960, sur la mode des James Bond en devenant agent secret.

ça. Je commençais par faire le tour des ateliers de confection de misère en sortant de l'école. Par chance pour moi, les filles avaient beau ne gagner que cinq dollars par mois, elles étaient toujours prêtes à dépenser un penny pour une barre chocolatée ou un paquet de chewing-gum... En tout cas, elles voulaient bien m'acheter quelque chose. Parfois, c'est moi qui leur faisais crédit. À la fin de la semaine, elles me remboursaient toujours, et je m'arrangeais avec le grossiste. Je faisais cent pour cent de bénéfice... quand je ne tapais pas trop dans la marchandise moi-même.

Après les ateliers, je me tenais à la station aérienne de la 3e Avenue, au coin de Bowery et Grand. Souvent, je me faisais chasser par la police spéciale du métro aérien parce que les stands de bonbons me considéraient comme concurrence déloyale. Mais je revenais toujours. Je restais là jusqu'à ce que j'aie écoulé mon stock, soit jusque vers huit heures du soir, et puis je rentrais fièrement à la maison où je remettais mon argent — en petites pièces — à ma mère.

Mes gains, aussi modestes soient-ils, aidaient à alimenter la famille en nourriture et en vêtements de seconde main, car, à part le loyer gratuit, mon père ne rapportait pas grand-chose au foyer. Il était très pieux, et ne travaillait jamais pendant le Shabbat. Ça n'était donc pas facile pour lui de garder un emploi stable. Au moins, en tant que camelot, il était son propre patron. Pour cinquante *cents*, il pouvait louer une charrette et acheter sa marchandise à crédit. Avant les fêtes de Pâque, il se constituait un stock de vaisselle, puisque toute ménagère juive qui se respectait avait besoin d'un nouveau service pour les fêtes. Mais se trimballer sa charrette pleine de vaisselle, et même se trouver un bon coin de rue, était une épreuve pour lui. Il se donnait du mal mais il n'avait jamais eu le gène des affaires. (À cette époque, Père se remit à fréquenter la synagogue et accomplit un vieux rêve en devenant rabbin, ce qui était un grand honneur pour la famille.)

Nos chambres étaient gelées en hiver, et bouillantes en été. Pour échapper à la chaleur, nous les gamins avions pris l'habitude de dormir sur l'escalier de secours. C'était bien, jusqu'à ce qu'il se mette à pleuvoir. Alors, il nous fallait retourner dans la fournaise des chambres. Où nous attendaient les punaises. Elles s'en donnaient à cœur joie.

Nous avions un compteur à gaz qui marchait au *quarter*. Comme la plupart du temps nous n'avions pas de *quarters*, nous y glissions de faux jetons, que nous échangions contre des vrais avant la visite du contrôleur. De nombreux immigrants, à leur arrivée dans ces logements, avaient tendance à souffler sur la flamme, au lieu d'éteindre le brûleur, et beaucoup moururent ainsi. Les voisins nous avaient mis en garde : ne jamais, *jamais* souffler sur la flamme du gaz !

Quand on voulait s'offrir le luxe d'un bain, il y avait les bains publics gratuits, où l'on vous donnait une serviette et un morceau de savon contre deux pennies — et une pièce de cinq *cents* en caution pour la serviette. Pendant les chaudes journées d'été, en rentrant du travail, je m'arrêtais souvent aux bains publics de Monroe Street. L'endroit était en général plein à craquer de gens qui attendaient leur tour, assis sur les bancs. La queue débordait sur le trottoir. Comme les bains fermaient à huit heures, les responsables, désireux de respecter l'horaire, nous faisaient entrer à deux dans les douches. Ils cognaient contre les portes pour nous presser. Normalement, on avait droit à une demi-heure, mais avant la fermeture, on ne nous accordait jamais plus de dix minutes.

Le vendredi, c'était la journée familiale. (Il y avait deux sections : l'une pour les hommes, l'autre pour les femmes.) Affluant en masse, les familles apportaient leurs propres serviettes et leur savon. Il y avait aussi des établissements de bains privés appelés *mikvehs,* où l'entrée coûtait vingt-cinq *cents* par personne. Ceux-là avaient des baignoires, et des jours différents pour les hommes et les femmes. Quand un garçon se fiançait, le père de la fille, et souvent ses frères aussi, emmenaient le futur marié au *mikveh* et l'examinaient, pour constater qu'il était un homme digne de fonder une famille.

J'avais quatorze ans et j'étais en cinquième quand j'annonçai à ma directrice que j'allais quitter l'école et qu'il me fallait une autorisation de travail. Elle plaida pour que je finisse ma scolarité. Mais je n'avais pas envie de prolonger mon agonie d'un an et demi. Nous avions désespérément besoin d'argent, il fallait que je travaille, et vite.

À cette époque, je m'étais fait tirer le portrait par un photographe de rue qui travaillait au ferrotype et le résultat m'avait fasciné. (Je pense que j'étais ce qu'on pourrait appeler un photographe « né », j'avais du fixatif dans les veines.)

Ce photographe de rue a vraiment été un déclic pour moi. Je passai commande d'un kit de ferrotype auprès d'une compagnie de vente par correspondance de Chicago et dès réception, je me mis à photographier la rue.

Au bout de plusieurs mois, j'obtins mon premier boulot auprès d'un photographe commercial sur Grand Street. Là, dans un vrai studio, à la lumière du jour, je pensais que je pourrais en apprendre plus sur la photographie. Les photographes se spécialisaient dans les clichés publicitaires de marchandises trop lourdes pour que les marchands ambulants les trimballent avec eux, du style chandeliers, lits en laiton, pianos, objets en verre, vaisselle, canapés, tables, linceuls, cercueils, et même, pierres tombales. Ces dernières étaient photographiées en extérieurs, au cimetière même.

L'endroit ressemblait plus à une morgue qu'à un studio de photo. Toute la journée, j'aidais à installer les énormes lits en laiton sous la lucarne. Je faisais briller les chandeliers. Je farcissais les linceuls de papier froissé pour leur donner une apparence plus… vivante, afin de fournir aux croque-morts de jolis échantillons pour leur clientèle. Notre plus gros client pour les photos

de cercueil avait son propre slogan : « Le bonheur dans toutes les boîtes. » On n'avait que des
pellicules noir et blanc ; pour les clients qui voulaient des photos couleur, des dames ajoutaient à
la main la couleur à l'huile.

Le studio photographiait aussi les incendies
d'usine. Ces photos servaient aux propriétaires
pour les dossiers d'assurance. Mon job consistait
à me coltiner le lourd appareil qui tirait des vues
de 8×10 (pas de miniatures à cette époque), le
tripode pour l'y installer et j'étais aussi chargé de
la poudre de flash. Elle explosait comme une
bombe et illuminait la scène.

Chaque jour, pour aller au travail, je portais
une chemise blanche, raisonnablement propre,
col dur (Arrow) et cravate, et des pantalons
courts. Ma mère me préparait des sandwichs et
me donnait quinze *cents*. Dix pour le transport, et
cinq pour un verre de lait. Plus d'une fois, faute
d'argent, je déposai mon réveille-matin chez le
prêteur sur gages contre un demi-dollar. Le jour
de la paie, j'allais toujours récupérer cette hor-
loge. Big Ben passa plus de temps « chez ma
tante » qu'en ma compagnie.

J'enviais les autres employés quand, à l'heure
du déjeuner, ils allaient au *saloon* du coin de la

rue et, pour le prix d'une bière bon marché, prenaient un repas chaud gratos… soupe, sandwich à la viande, etc. Moi, avec mes culottes courtes, je n'entrais pas dans les bars. Et on n'avait pas encore inventé la pause-café.

En plus d'aider le photographe de huit heures du matin à six heures du soir, je faisais ses courses, séchais ses tirages, balayais le studio, et tout le reste. Souvent, le soir, le patron distribuait des sacs de bonbons durs comme les pierres et disait en riant : « Toi, tu bosses ce soir. Ces bonbons te couperont l'appétit. » Le dimanche aussi, on avait droit aux bonbons. Pas d'augmentation pour autant.

Un jour de paie, j'ouvris mon enveloppe et, en plus des quatre dollars et cinquante *cents* habituels, je trouvai un dollar supplémentaire. Fou de joie, je fêtai ça en m'offrant une montre Ingersoll à un dollar. Puis, j'empruntai une paire de pantalons longs à un de mes frères, l'enfilai par-dessus mes culottes courtes, et me rendis au Miner's Burlesque dans Bowery. Ça c'était la vraie vie.

La semaine suivante, mon enveloppe ne contenait à nouveau que quatre dollars et cinquante *cents*. Pensant qu'il s'agissait d'une erreur, je demandai au patron : « Et mon augmentation ? »

Il répondit, avec un grand sourire : « C'était pas une augmentation. C'était tes heures sup. » Ce dollar représentait deux années d'« heures sup ».

La grande star du studio, c'était l'opérateur de l'appareil photo. Il portait un nœud papillon et gagnait vingt-cinq dollars la semaine, une sacrée somme à l'époque. Cela faisait environ deux ans que je travaillais là quand il partit, et je commençai à le remplacer. Mon salaire passa à sept dollars.

Je travaillai comme opérateur pendant quelques semaines, puis je déclarai au patron : « Écoutez, je fais un aussi bon boulot, sinon meilleur, que l'autre type. Je devrais me faire au moins douze dollars et cinquante *cents* la semaine. » Il dit : « Pas question ! C'est à prendre ou à laisser. » Je lui dis où il pouvait se mettre son boulot, et démissionnai.

2

Kidnappeur

Je n'avais plus de boulot, mais il me restait un peu d'argent de côté. Toute l'année, j'avais aussi travaillé en soirée comme vendeur de bonbons dans un cabaret de la 2e Avenue. (Mes expériences à la sortie de l'école m'avaient appris que je serais toujours capable de vendre des bonbons.) Je me faisais vingt-cinq *cents* par dollar encaissé. Et puis, je voyais tous les spectacles gratuitement : le burlesque m'a toujours fasciné.

Avec le peu d'argent que j'avais réussi à économiser sur les ventes de bonbons, je décidai de lancer ma propre petite affaire.

J'achetai une View Camera 5 × 7 d'occasion et louai un poney que je baptisai « Hypo ». Les samedis et dimanches, j'embarquais Hypo et mon appareil et arpentais les rues de l'East Side. La semaine, pas la peine ; mal habillés, les gamins étaient à l'école. Mais les week-ends, les mômes étaient sur leur trente-et-un. Alors je les attrapais, j'essuyais leurs bouilles toutes sales, je les posais sur le poney, leur faisais faire un petit tour et clic-clac… sans oublier de prendre leur nom et leur adresse. Je passais le reste de la semaine à développer les plaques de verre et à tirer des planches en exposant le papier au soleil. Quand les tirages étaient prêts, je retournais chercher Hypo, l'harnachais à une charrette, et j'allais me promener du côté de chez les enfants. Je montrais les clichés et j'enregistrais les commandes — un exemplaire pour un *quarter*, trois pour cinquante *cents*. Commandes que je tirais dans la cuisine.

Certains de mes clients ne possédaient pas le moindre meuble, cela n'empêchait pas leurs salons de se remplir rapidement de voisins et de parents qui venaient s'asseoir sur des cartons pour admirer les photographies. Les gens adoraient leurs enfants, et quel que soit leur niveau de pauvreté, ils se débrouillaient toujours pour réunir l'argent de mes photos. Je terminais mes clichés sur le papier le plus contrasté que je puisse trouver pour donner aux gamins un joli teint bien blanc. Mes clients, Italiens, Polonais ou Juifs, aimaient leurs photos blafardes. Je crois bien qu'il n'est pas un foyer de l'East Side qui n'ait, à un moment donné, eu une de mes photos à poney sur le manteau de sa cheminée.

Et puis vint la pluie. Il se mit à tomber des cordes tous les week-ends. Une fin de semaine après l'autre… pas de photo pendant un mois entier. Quand le temps finit par se lever, je me pointai aux écuries un samedi matin mon appareil et mon tripode sur l'épaule et un sac rempli de pellicules sur le bras. Je demandai mon poney au palefrenier. Mais il refusa de sortir Hypo tant que je n'aurais pas réglé mon ardoise qui traînait depuis dix semaines : cinquante dollars ! Ce poney s'en mettait plein la panse. Je n'avais pas l'argent et ils ont gardé mon copain Hypo. J'achetai une petite voiture miniature pour remplacer le poney, mais les gamins de l'East Side n'accrochèrent pas. Je me retrouvai sans boulot.

J'avais dix-huit ans. Mon job de photographe des rues m'avait plu parce que j'étais libre. Alors je décidai de quitter la maison. Je voulais déployer mes ailes et voir le monde au-delà de l'East Side. Et puis, j'avais une autre bonne raison de partir.

Je n'étais jamais sorti avec une fille, sans parler d'en embrasser une. Mais c'était l'été. Une nuit chaude et étouffante. L'escalier de secours était envahi par mes frères et sœurs. Je décidai de faire comme les adultes et j'emportai un matelas et des draps sur le toit pour la nuit. L'endroit était complètement sombre et romantique. Les couples se blottissaient. Les pauvres se soucient peu de la promiscuité, ils ont d'autres problèmes.

Dans l'obscurité, je devinais la silhouette d'une jeune fille qui faisait les cent pas. J'attendis qu'elle rejoigne son matelas et qu'elle s'allonge. Je me faufilai vers son coin et laissai négligemment mon matelas tomber à côté du sien. Bon sang, comme j'avais envie d'elle ! Je laissai ma main traîner et trouvai progressivement le courage d'effleurer ses doigts. Elle ne moufta pas. Je me rapprochai. Elle était brûlante. Rapidement, je me mis à l'embrasser. Puis je glissai une main sous sa chemise de nuit et caressai ses petits seins fermes. J'enlevai mon costume du syndicat BVD et la débarrassai de sa chemise de nuit. Nos corps étaient en feu. Nulle puissance au monde n'aurait pu nous séparer. La lune semblait nous observer d'un air approbateur.

Notre extase dura jusqu'à l'aube. Je rejoignis mon matelas. Notre romance dura le temps de la canicule. Puis, je perdis patience. Il me semblait que j'avais intérêt à quitter la maison avant que les ennuis commencent avec ma mère. Je fis mes bagages et, un soir, tentai une sortie discrète. Mais ma mère me surprit alors que je descendais les escaliers. Elle poussa un cri à vous briser le cœur : « Usher ! » (C'était mon nom à la maison ; les agents de l'Immigration l'avaient changé en Arthur à Ellis Island : Arthur Fellig.) Pour la faire taire, je remontai l'escalier. Mais je continuai à penser à ma fuite. Deux semaines plus tard, m'assurant que la voie était libre et que tout le monde dormait, je partis pour de bon. Cette fois-là, j'emportai ma curiosité pour seul bagage.

J'étais fauché, affamé, et je n'avais nulle part où dormir. Trouver du travail était impossible. Je dormais dans les parcs, dans les missions religieuses, partout où je pouvais trouver un endroit où m'allonger. Plus tard, je m'installai à la gare ferroviaire de Pennsylvanie, mieux équipée que les parcs et les églises.

J'arrivais à la gare vers minuit. Je faisais la tournée des cabines téléphoniques en quête de petite monnaie oubliée, et je m'allongeais sur un banc de la salle d'attente, ne tardant jamais à sombrer.

Vers sept heures du matin, la police spéciale vous chassait. Mais si vous leur glissiez la pièce, ils vous laissaient dormir un peu plus longtemps. Ensuite, direction les toilettes pour hommes, où j'enlevais ma chemise, la lavais avant de l'enfiler encore mouillée. Quand on cherche du boulot, il faut être propre, même si on crève la dalle.

Un type que j'avais rencontré me confia qu'il n'était pas très dur d'obtenir un petit boulot dans les restaurants Automat. Nous allâmes à celui qui se trouve au coin de Broadway et Houston. Le directeur nous embaucha comme garçons de salle en extra pour le coup de feu de midi. On me donna une veste blanche, un tablier et un plateau et je devais débarrasser la vaisselle sale. Je travaillais de 10 h 30 à 14 h 30. Avant de commencer, j'avalais un muffin au maïs et un café. Quand on avait fini, on mangeait quelque chose parmi les restes. Ensuite on nous donnait un dollar chacun et on nous disait de revenir le lendemain.

Cela devint ma routine quotidienne. Le matin, je cherchais du boulot dans la photo. Je faisais la queue, laissant mon nom et mon

adresse — je m'en étais trouvé une bonne à
Bowery — avant de me pointer à l'Automat à
10 h 30. Avec le dollar que je m'y faisais chaque
jour, j'avais de quoi mener une vie peinarde, et
zéro responsabilité. Un *quarter* la nuit pour une
« chambre » dans un « sac à puces » de Bowery.
Les lits du dortoir ne coûtaient que quinze *cents*,
mais j'aimais mon intimité. Les poivrots tous-
saient toute la nuit mais ça ne me dérangeait pas.

J'aimais bien Bowery. Le quartier était pittoresque. Le soir, je passais dans les églises. Après
le service, je me joignais aux autres hommes.
Moi aussi, j'étais racheté et j'avais droit à mon
morceau de pain, ma pomme et mon salut.

Le matin au foyer, on frappait un coup sur la
porte, et nous devions tous libérer les chambres.
La plupart des hommes étaient vieux. Ils passaient la journée dans le « salon », à attendre. Ils
étaient au bout du rouleau. Certains venaient de
bonnes familles, d'anciens hommes d'affaires,
d'anciens avocats, etc. La boisson avait eu leur
peau. Plusieurs recevaient une petite pension à
condition de rester au foyer et de ne jamais, sous
aucun prétexte, retourner (pas même pour une
simple visite) déshonorer leur famille aux yeux
des voisins. Ces hommes-là ne s'intéressaient pas

au sexe, mais exclusivement au vin ou au whiskey bon marché. Dans la journée, quelques-uns partaient faire la manche ; et plus tard, ils se cotisaient pour s'acheter une bouteille. Ils se fichaient complètement de la nourriture, mais quand ils finissaient par avoir vraiment faim, ils allaient au Jew Town, l'épicerie casher de Delancey Street. Ils pouvaient toujours compter sur de la charcuterie et du pain.

Il y avait aussi un foyer pour les femmes à la dérive.

Les dames patronnesses, et leurs homologues masculins, nous faisaient toujours marrer. Ils avaient l'air de sortir d'une machine déshydratante. Ils étaient venus dans Bowery pour sauver leurs « garçons » grâce à la religion. Ils auraient mieux fait de mettre le salut en bouteille : les « garçons » ne s'intéressaient qu'à l'alcool.

Il n'y avait pas de criminalité dans Bowery, rien que des fausses alertes. Les gars se réunissaient pour une petite beuverie, et faisaient tourner la bouteille. S'ils étaient d'humeur sociable, ils tiraient une alarme à incendie ou deux. Quand les pompiers arrivaient, les gars les invitaient à boire un coup. Puis, le panier à salade se pointait et les gars étaient bons pour des petites vacances de trente jours au trou. Le poste d'alarme incendie du coin de Bowery et Rivington comptait plus de fausses alertes que tous les autres de la ville.

La vie allait bon train mais je m'éloignais de la photographie. Le dollar quotidien me suffisait largement. Je pouvais presque entretenir une fille (dans le besoin). Les choses se passaient bien aussi à l'Automat. Mais l'échelon au-dessus de garçon de salle était un boulot à plein temps pendant douze heures pour seulement deux dollars la journée. Il me fallait quelque chose de radical, histoire de me faire virer pour de bon.

Il y avait bien une solution : lâcher un plateau plein de vaisselle. Après ce terrible vacarme, ils vous arrachaient votre uniforme et vous foutaient dehors et vous pouviez dire adieu à votre dollar. Je décidai que mon truc c'était le calme et le silence : et je ne pouvais pas me permettre de me passer dudit dollar. Alors je m'y pris autrement.

Un jour, en plein coup de feu, je me baladai avec mon plateau vide. Les tables disparaissaient presque sous les assiettes sales. Des clients chargés de leurs plateaux de nourriture me criaient « Hé ! petit ! ramasse la vaisselle sale ! » Je braillai en retour : « Ramassez-la vous-mêmes ! C'est

vous qui la salissez. » Le directeur, soupçonnant
avoir affaire à un fou, me prit rapidement à part.
« Enlève ton uniforme, dit-il. Je te paie tout de
suite. » J'avais sauvé mon dollar. Ce fut mon
exercice de promotion chez Automat.

Les boulots à plein temps paraissaient désormais plus faciles à trouver, sauf dans la photo.
J'ai tout essayé. Journalier dans le bâtiment avec
pelle et pioche, pêcheur de perles, mélangeur de
sucreries à la fabrique de bonbons Loft, confec-
tionneur de biscuits à l'usine de biscuits
Sunshine, fabricant de trous chez Life Saver
Candy. Je passais d'une place à l'autre, tout en
guettant un boulot dans un studio de photo.

Je tentai ma chance dans les studios de portraits, les labos pour amateurs, chez les photographes de théâtre, ceux de banquets et mariages... et dans tous les endroits où on utilisait un
appareil. Dans ce genre de boulot, il m'arrivait
de travailler une heure, une demi-journée, parfois même une journée complète. Une fois par
semaine, je faisais la tournée pour récupérer ma
paie chez tous mes différents employeurs.

Je finis par trouver un emploi dans un studio
de photos de passeport dans le centre-ville, près
du bureau des douanes. Je m'y accrochai pen-

dant un bon moment. J'avais commencé à quinze dollars la semaine. Les clients n'avaient besoin que de deux photos pour leur passeport, et le prix standard aurait dû être d'un dollar, mais le studio essayait toujours de leur vendre deux douzaines de photos pour vingt-cinq dollars. Les Britanniques, en particulier, étaient une proie facile pour le lot à vingt-cinq dollars ; je me demande ce qu'ils faisaient avec les clichés supplémentaires. En deux semaines, quand le propriétaire constata mes talents de vendeur, il augmenta mon salaire à quarante dollars.

Je commençai à mener grande vie. Je quittai Bowery pour vivre dans des chambres meublées. En vérité, je ne suis jamais resté au même endroit pendant plus d'une semaine. Pour cinq dollars hebdomadaires, j'avais une chambre, assortie de son choix de nouvelles femmes de chambre. J'avais toujours une bouteille de whiskey à disposition. J'offrais un peu d'alcool et un peu de sexe. Parfois, les femmes de chambre tapaient dans mon whiskey en mon absence. J'essayai de cacher la bouteille. Mais comme elles se débrouillaient généralement pour la trouver, je finis par la remplir d'huile de castor, histoire qu'elles en aient pour leur argent.

J'avais envie de variété dans ma vie sexuelle comme dans mes boulots. Alors, tous les soirs, en rentrant du travail, je m'arrêtais dans un bordel différent. Ça se passait toujours de la même façon. La femme m'examinait pour s'assurer que je n'avais pas la chaude-pisse... Ensuite les deux dollars, avant de passer au lit. « Dépêche-toi chéri, y a des clients qui attendent. » Et après, la bassine d'eau chaude légèrement rosée par le permanganate de potassium pour une petite toilette. La première fois qu'on m'a dit « chéri », c'est une pute qui me l'a dit.

"O Sole Mio!"

Avec trois sous dans un photomaton, que pouvais-je espérer de mieux ?

Service compris.

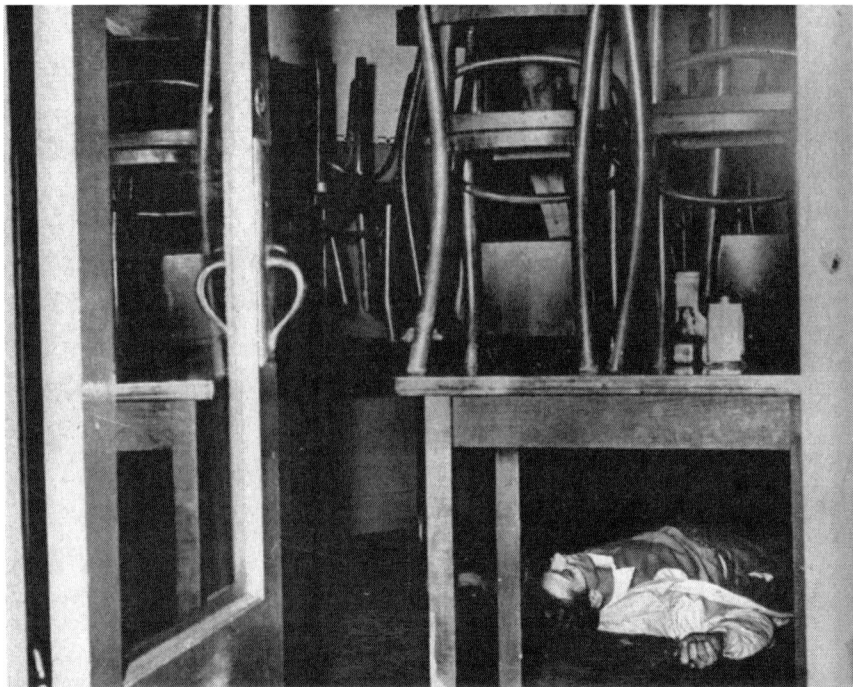

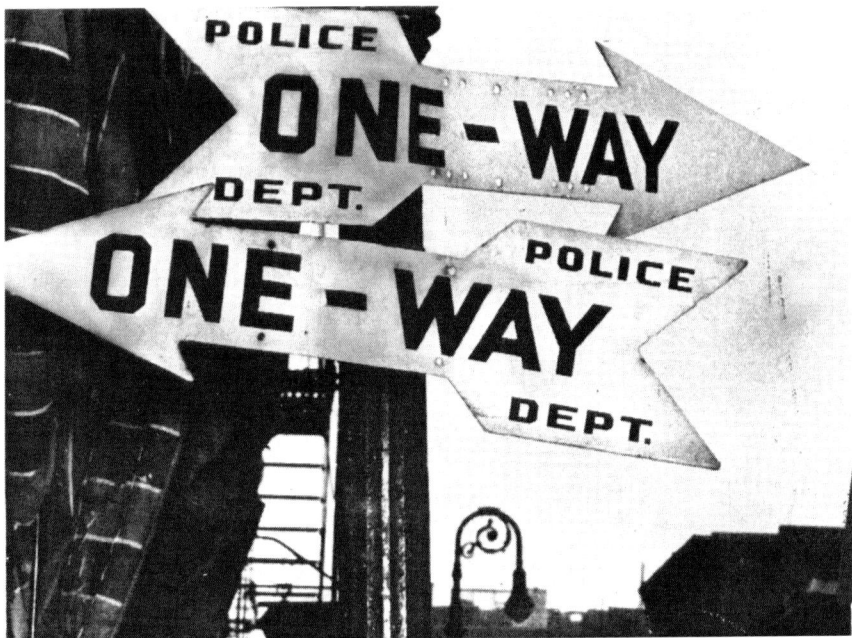

Ils sont partis par là.

Aller simple.

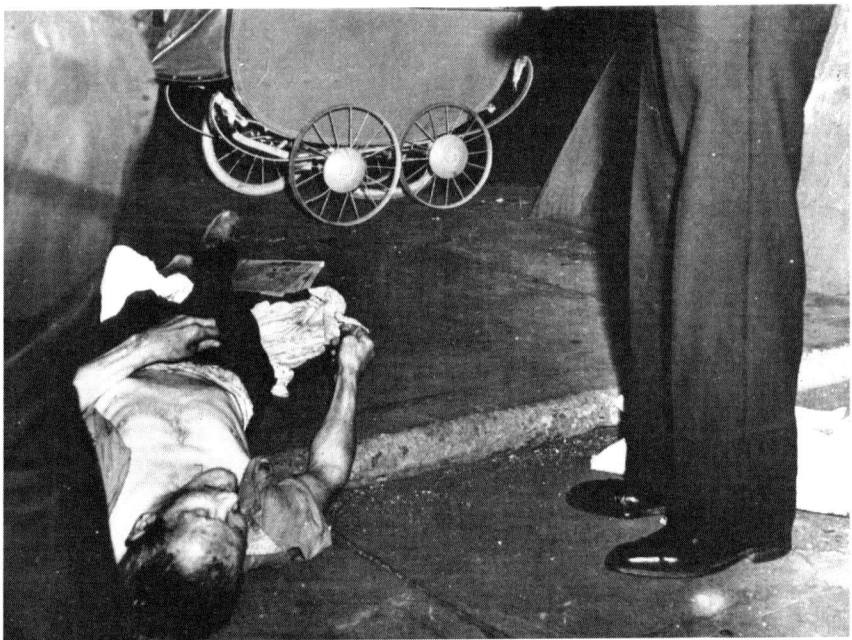

Leur premier meurtre.

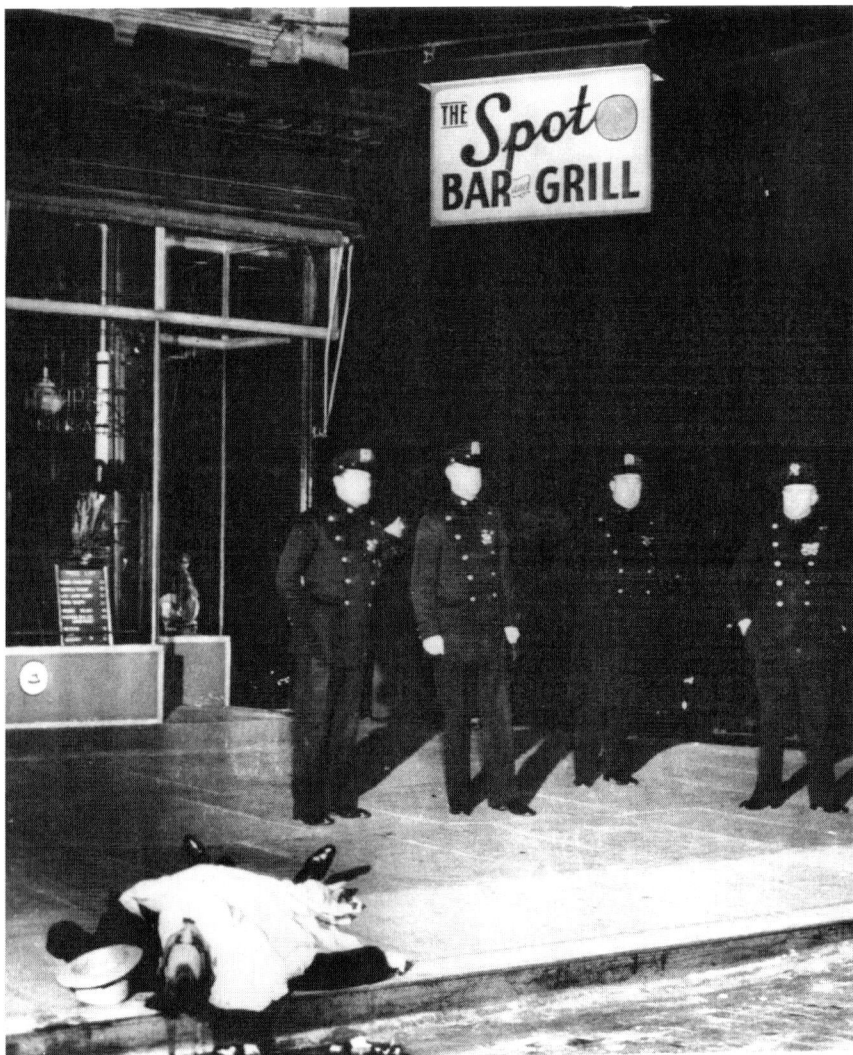
Entreprise de démolition dans la Cuisine du Diable.

Envoi en
recommandé.

À l'assaut du feu.

Sur le toit.

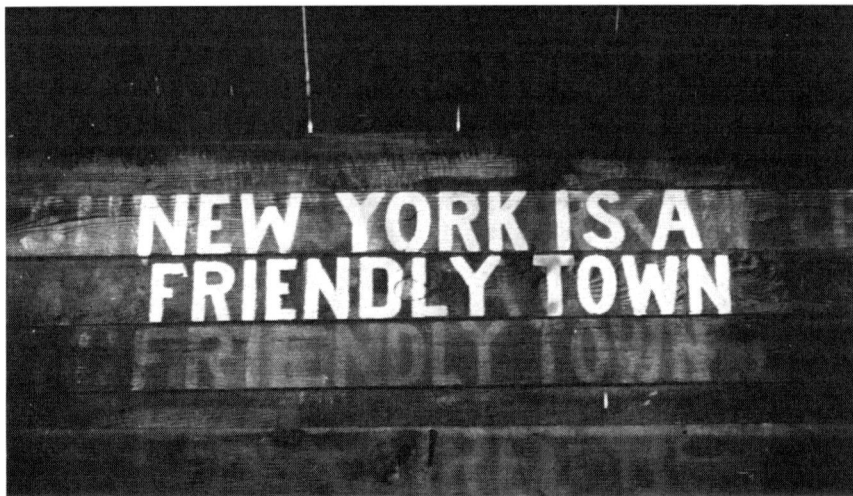

Sans commentaire. ("New York est une ville accueillante.")

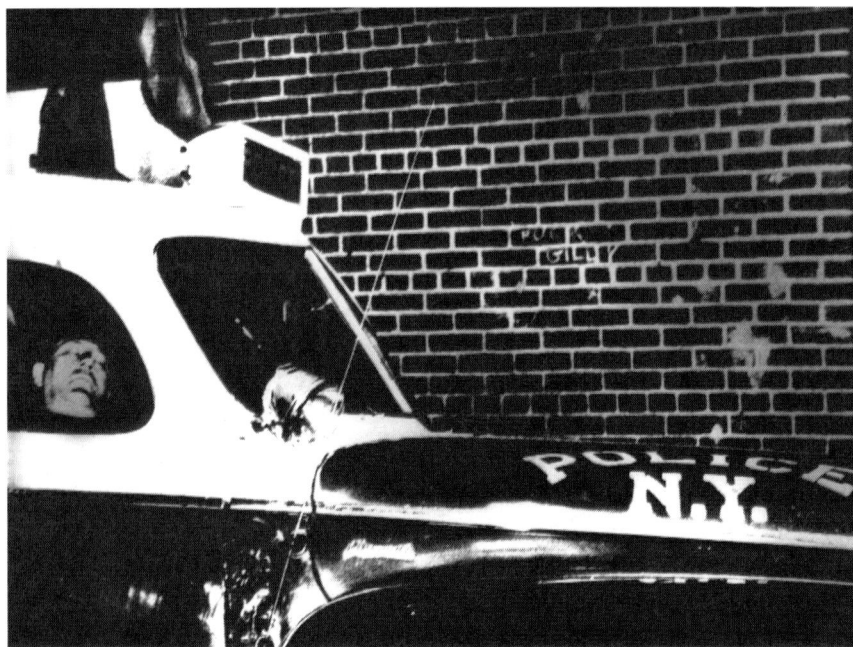

Les meurtres sont épuisants.

3

L'âge d'or de la photographie

J'avais presque vingt-quatre ans. Je travaillais au studio de photos de passeports depuis bientôt trois ans, et j'en avais ma claque de tirer le portrait aux touristes. Je m'enlisais. Et puis, j'avais hâte de progresser. Il fallait juste que je m'en sorte. Mais j'avais l'impression de me taper la tête contre un mur... Je donnai ma démission et m'en allai travailler pour Acme Newspictures pour vingt dollars la semaine, la moitié de ce que je gagnais à l'époque. Mais je me fichais du fric. Là-bas, j'apprendrais des trucs nouveaux, et c'est ce qui m'intéressait.

Acme (aujourd'hui United Press International Photos) venait d'être monté par la chaîne de journaux Scripps-Howard comme une source de photographies de presse pour leurs titres et les autres. Le géant de la photo de reportage, c'était l'Associated Press, mais ils ne travaillaient qu'avec les journaux du groupe, ceux qui portaient la franchise de l'AP. (Plus tard, la Cour suprême des États-Unis légiféra contre cet état de fait.) Il existait aussi la Wide World Photos, qui appartenait au *New York Times*, et qui fournissait principalement des portraits. Enfin, il y avait l'International News Photos, qui proposait des photos décontractées posées de stars d'Hollywood (qu'est-ce qu'une photo « décontractée posée » ?). Dans ce monde clos, Acme était le petit dernier, bien décidé à se faire un nom.

Je débutai comme responsable de la chambre noire. Je développais et tirais les photos qui nous arrivaient de l'extérieur de la ville, et des photographes de l'équipe de l'agence. On me promit de passer rapidement photographe moi-même, mais cette promotion tarda à venir. J'étais trop bon dans la chambre noire. Sans compter que le *New York Herald Tribune*, pour qui Acme produisait des reportages photos, insistait pour que tous ses photographes portent chemise et cravate. Moi, je refusais de porter une cravate et de me laisser mener à la baguette. Du coup, on ne me laissait partir que sur les urgences, de nuit, quand les autres photographes dormaient à

poings fermés chez eux. Je couvrais essentiellement les incendies, et recevais une prime en
fonction de leur gravité : trois dollars pour une
alerte de niveau 3, cinq dollars pour une alerte
de niveau 5. Les fausses alertes étaient pour la
maison — elles ne rapportaient rien.

Acme était un chouette endroit pour bosser.
Voilà le genre de photographies qui me
plaisaient ; finies les natures mortes en studio, les
retouches de rides ou de poils disgracieux ou des
doubles mentons sur les portraits de fille, finies
les photos d'identité. Pour la première fois de ma
vie, j'étais heureux. J'étais accro à l'odeur chimi-
que des produits de développement. Et puis,
dans cette chambre noire, j'apprenais. Plus tard,
quand à mon tour j'allais couvrir des événements, j'étais capable de visualiser à quoi ressem-
bleraient mes images sur l'agrandisseur.

J'avais aussi la musique. À quinze ans, j'avais
acheté un violon à cinq dollars. Une fois par
semaine, je prenais une leçon au centre commu-
nautaire, dont j'avais rejoint l'orchestre. Mon
violon acquit une place presque aussi importante
dans ma vie et mes rêves que la photographie.
J'avais travaillé sans relâche et voilà que soudain,
j'avais l'opportunité de jouer pour de bon.

J'avais rencontré un musicien dans un cinéma de la 3e Avenue. Il avait accepté de me donner des leçons gratuites si je l'aidais à fabriquer son gin de contrebande et à le livrer à ses clients assoiffés. Bientôt, je lui donnai un coup de main au cinéma aussi. Progressivement, mon prof fut si accaparé par ses activités illicites qu'il abandonna son poste au cinéma. J'avais alors fait assez de progrès pour prendre sa relève. Je pris aussi sa relève auprès de la fille qui l'accompagnait au piano...

J'adorais jouer sur les émotions du public du film. Je pouvais les entraîner vers la joie ou le chagrin. Mon répertoire couvrait toutes les situations. Je suppose que le violon me servit d'entraînement inconscient pour mes futures photos. Plus tard, je me suis souvent entendu dire que mes images faisaient passer du rire aux larmes.

Le cinéma parlant eut raison de ma carrière musicale... et des films eux-mêmes, d'ailleurs. On va au cinéma pour rêver et s'évader, pas pour écouter des monologues. De nos jours, le héros, qui joue les jeunes premiers depuis quarante ans, ajuste son accroche-cœur, sa braguette et marmonne : « Oh ! bébé ! je t'aime tu sais, je t'aime vraiment. » La femme qui fait la difficile (alors qu'elle a l'âge de jouer les grands-mères) se pâme dans ses bras. Sottises ! S'il faut qu'ils parlent, qu'ils s'en tiennent à la pantomime. Dans le temps, les films étaient bien meilleurs.

La plupart des salles furent transformées en magasins. Les plus récentes avaient des toits ouvrants pour l'été ; c'était la clim' de l'époque. Au lieu d'aller chez des psy, les gens allaient au cinéma, qui remplissait les vides de leurs âmes. Et ma musique contribuait à les remplir à ras bord.

Sur les planches de développement, dans la chambre noire d'Acme, l'histoire en marche passait entre mes mains. Incendies, explosions, accidents de chemin de fer, collisions de navires, guerre des gangs de la prohibition, meurtres, rois, présidents, toutes les célébrités et tous les événements importants des années 1920. Je manipulai la première ampoule de flash produite par la General Electric pour remplacer la poudre, salissante et dangereuse. Je vis la première photo du président Coolidge transmise par télex entre la Maison-Blanche et la ville de New York : c'est moi qui m'en suis chargé. La photographie était en pleine croissance, moi aussi.

Quand un scoop sortait, les journées deve-
naient dingues. La compétition était féroce. Les
autres agences cessèrent de se prendre le chou sur
les jolies photos d'animaux et de bébés et s'éveillè-
rent à la vie. Quiconque atteignait en premier les
bureaux de la compagnie de téléphone de Walker
Street avec ses négatifs transmettait sa photo par
télex à tous les journaux du pays. C'est comme ça
qu'on marquait un point, qu'on gagnait des nouveaux clients et du prestige.

Moi et Acme, ou Acme et moi, on coiffait
toujours les autres au poteau. Un combat de
boxe pour les Championnats du monde au Polo
Grounds ? Je louais une ambulance privée et on
se garait en position pour une sortie rapide. Je
me cachais à l'intérieur. Au premier K.-O., un
coursier me rapportait en vitesse la plaque à
développer. Alors, sirènes hurlantes, gyrophares
allumés, et les flics ouvrant la route, on se précipitait dans le centre. Tandis que l'ambulance
roulait à tombeau ouvert, allongé sur le sol, je
développais le négatif. Encore une exclu pour
Acme, et une augmentation de deux dollars pour
Weegee.

Pour que les flics ne se doutent de rien —
jamais ils n'apprirent que l'ambulance était une

couverture —, je changeai de tactique au pro-
chain gros combat : je louai un taxi. Mais c'est
lors d'un match de base-ball des World Series
que je me suis vraiment dépassé. J'attendais sur
le quai du métro du Yankee Stadium. Après le
premier *home run*, je récupérai la plaque des
mains du coursier et sautai dans le premier
métro. Je m'installai dans un compartiment
mécanicien vide (à l'époque, chaque rame avait
un compartiment mécanicien), m'enfermai, allumai un cigare, et développai ma planche en me
servant de ma chemise comme serviette.

Inutile de dire qu'Acme marqua un nouveau
point à l'échelle du pays. Pas d'augmentation
pour moi, cela dit. Je rapportais des scoops trop
souvent.

J'étais présent sur ces gros événements, mais
je n'y assistais jamais. Dans les jours qui suivaient, j'allais au cinéma pour voir les infos et me
mettre à jour.

Le vendredi, le porte-monnaie gueulait :
« JOUR DE PAIE ! » Une grande partie de craps
s'improvisait ce jour-là, les joueurs affluant des
bureaux alentour. Vu le nombre de fois où on se
faisait tous plumer, certains visiteurs devaient
sûrement être des « professionnels » équipés de

dés pipés. Un vendredi, je touchai vraiment le fond. Je perdis tout, jusqu'à l'argent du loyer. C'est là que je décidai de m'installer dans la chambre noire d'Acme.

Les bureaux se trouvaient dans l'énorme immeuble des Printing Crafts, au coin de la 8e Avenue et de la 34e. Les ascenseurs de service et le chauffage fonctionnaient toute la nuit. Le banc de la chambre noire devint mon lit. J'apportai un matelas et des couvertures que je rangeais dans mon vestiaire. J'appréciais plutôt le camping, et surtout la substantielle économie de loyer (de tout temps, le fléau de mon existence). J'accumulai un stock de café en poudre George Washington, de soupes Campbell's, de haricots Heinz (végétarien tout ça, sans porc !) et de biscuits Uneeda. J'utilisais le four de la photogravure pour cuisiner. Les photograveurs me réveillaient en arrivant à sept heures le matin. Je faisais ma toilette, prenais mon petit déj aux machines du rez-de-chaussée, achetais ma dose quotidienne de cigares cubains (panatella) Robert Burns et j'étais opérationnel.

J'avais les clés du bureau. En début de soirée, une fois l'endroit bouclé pour la nuit, je revenais. Je sortais mon pupitre pliant, mes partitions et je

travaillais mon violon. Pas de colocataires grin-
cheux ou de vieille propriétaire malveillante pour
râler.

J'avais rejoint un club photo… Je me spéciali-
sai dans ses membres féminins. Toute femme qui
choisit la photographie comme hobby manque
de quelque chose dans la vie ; elle est tenaillée
par une faim insatiable, comme moi. J'emmenais
la fille chez Acme, lui montrais quelques photos
d'archives et l'emballais.

Le téléscripteur de la United Press tournait
toute la nuit. Au lever, on regardait si quelque
chose d'intéressant s'était passé pendant la nuit.
Un matin, vers quatre heures, je dormais profon-
dément quand la petite sonnerie s'est mise à
retentir : la machine se mettait en mode réception. Le dirigeable Shenandoah venait de s'écra-
ser au-dessus de l'Ohio. Je n'avais plus qu'à
appeler mes patrons pour leur annoncer la nouvelle. Je savais bien que si je les réveillais, ils vou-
draient savoir ce que je fichais au bureau à cette
heure. Mais l'info passait avant tout.

J'appelai. Ils arrivèrent sans tarder, contactè-
rent l'Ohio et s'organisèrent pour que des photos
de l'accident soient déposées dans le train pour
New York. Il n'y avait pas de système de câble

pour les photos, et aucun pilote n'aurait osé voler de nuit, ou aurait été assez fou pour s'y risquer. Le moyen le plus rapide (et le seul) de récupérer les clichés était de les mettre dans le train aux bons soins du porteur ou du conducteur, de leur filer la pièce et de les récupérer à la gare d'arrivée.

Comme je l'avais craint, j'étais sur la sellette et reçus l'ordre de me trouver une chambre où dormir. Mes jours de squat étaient terminés.

Pendant un moment, je vécus à nouveau dans une chambre de l'East Side. Quel endroit ! Le quartier regorgeait de bordels clandestins, lesquels n'étaient pas bien difficiles à trouver parce que tout le monde s'échangeait les adresses et le barbier tenait à jour une liste des nouveaux endroits. On ne vous posait jamais de question. Les portes s'ouvraient pour deux dollars. Les filles étaient free-lance. Chacune louait un appartement dans un des immeubles alentour, glissait cinq dollars de plus au concierge par mois, et menait son petit business. Chacune avait un mac, qui ouvrait l'œil pour elle, s'assurait que les clients payaient, et réglait leur compte aux petits malins. Les habitants avaient parfaitement conscience de ce qui se passait. Mais le code d'honneur du quartier se résumait à « chacun ses affaires ».

Les flics s'en fichaient. De temps en temps, ils faisaient une descente et les femmes étaient arrêtées ; mais les clients n'étaient jamais inquiétés. Les flics couraient plutôt après les bookmakers — pas pour les arrêter, mais pour les racketter. Ils rapportaient un paquet par semaine. Une fois de temps en temps, ils débarquaient, histoire de montrer que la police faisait son boulot ; après tout, il fallait bien honorer les quotas d'arrestations. En général, les bookmakers étaient avertis qu'à une certaine heure, une descente aurait lieu. On conseillait aux clients d'être ailleurs à ce moment-là. Généralement, il ne restait plus sur place qu'un réceptionniste solitaire. La descente avait lieu, une petite amende était adjugée, et dans l'heure qui suivait, les affaires reprenaient aussi sec.

Dans ces maisons, les femmes étaient des vieilles de la vieille, des pros. Pour gruger les flics, certaines allaient même jusqu'à épouser leur mac. Elles avaient de grands lits en fer forgé au-dessus desquels elles accrochaient leur certificat de mariage. Ça marchait impec, et elles se moquaient bien des policiers. « Mon épouse », répondait le mac quand un flic un peu trop curieux posait des questions indiscrètes.

L'élite, c'était celles qui n'acceptaient que les visites à domicile. Leur prix était de cinq dollars plus le taxi. Certaines se spécialisaient sur Chinatown. New York est une ville de clans, avec des cafés grecs où ne vont que les Grecs, et des restaurants chinois où ne vont que les Chinois. Ainsi, les filles pouvaient écumer les lieux de rencontre locaux par nationalités. On les invitait à prendre un verre, on se mettait d'accord sur un prix et un hôtel proche choisi comme point de rendez-vous. Les filles avaient toujours un sac à l'hôtel, au cas où. Les Philippins, qui semblaient tous avoir de l'argent et laissaient toujours un pourboire généreux, préféraient les grandes blondes.

Certaines filles aimaient beaucoup leur travail. Elles s'éclataient. Sans compter qu'elles gagnaient bien leur vie.

D'où venaient-elles ? Certaines, des villes minières de Pennsylvanie. Habillée comme une pauvresse, traînant ses valises en carton, une fille arrivait en ville, se trouvait une chambre meublée et commençait à chercher du boulot dans un restaurant. Mais les places étaient rares. Au bout d'un certain temps, elle rencontrait un type, avec lequel elle se mettait en ménage. Après la naissance du bébé, et après que le type se fut fait la malle, elle allait tapiner pour payer une place en foyer au bébé. Beaucoup de ces filles trimballaient avec elles la photo de leur petit, qu'elles montraient fièrement à leurs clients.

À chaque pâté de maisons de l'East Side, il y avait aussi des femmes mariées qui n'étaient pas à proprement parler des prostituées mais qui se faisaient un peu d'argent de poche pendant que leurs enfants étaient à l'école, et leur mari au travail.

C'était l'East Side des années 1920, avec sa maison de jeux de Grand Street, son centre d'hébergement de Henry Street, sa maison des jeunes, ses écoles de musique, ses synagogues, et ses bordels. J'aimais et je fréquentais tous ces endroits.

Ah ! c'était la belle époque ! Et c'était la belle époque chez Acme aussi. Quand un événement se produisait aux petites heures du matin, le *World Telegram* appelait parfois le directeur chez lui. À son tour, celui-ci appelait l'hôtel où j'étais descendu. J'y allais, je faisais la photo, et je fonçais aux bureaux du *World Telegram* pour la développer et la tirer. Sinon, Acme ou le *World Telegram* auraient dû réveiller leur propre photographe, et le payer en heures sup.

L'arrangement me convenait. Je couvrais l'info, la vraie, j'étais reporter. Mais j'étais monsieur Anonyme. Dans le *World Telegram,* le crédit des photos revenait à Acme Newspictures. Un jour, je parvins à forcer le journal à me créditer : « Photo : Weegee », mais dans l'édition suivante, le copyright était à nouveau attribué à « Acme ».

À ce moment-là je possédais déjà mon propre appareil — un 4 × 6 ICA German Trix — qui faisait ma joie et ma fierté. Je l'avais acheté à la boîte qui fournissait Acme en matériel de photographie. Évidemment, je le payais à tempérament… cinq dollars par semaine. Je traînais toujours avec mon appareil, à prendre les filles en photo. Une bonne façon de faire connaissance. Je les emmenais sur le toit pour les séances.

Je ne sais comment, le bruit a fini par courir que j'étais un peu médium, parce que je me débrouillais toujours pour avoir les photos en main avant même que l'info ne soit vraiment sortie. J'avais mes méthodes. J'avais aussi mes méthodes avec les filles… et elles aussi, pensaient que j'étais un peu voyant. En fait, la rumeur disait que mon appareil était équipé d'une lentille à rayon X, et que je photographiais les filles nues à travers leurs vêtements — aussi pendant un moment, elles refusèrent de poser pour moi. Mais en fait, c'est le jeu à la mode de l'époque, la planchette Ouija, qui inspira mon surnom aux filles d'Acme : «Weegee». Il me plut. (L'orthographe est de moi.) Entre nous, je n'en connais pas de meilleur. Ni de meilleur photographe, d'ailleurs.

Et puis soudain, je tirai le gros lot. Au début d'une semaine, un des liftiers me dit qu'il lui restait deux tickets pour le loto du base-ball, et que si je les voulais, il me les faisait à cinquante *cents* l'un. Je m'arrangeai avec lui pour le régler le vendredi. Le lundi suivant, j'appris la bonne nouvelle : j'avais gagné le premier prix : cinq cents dollars. Le match était truqué, mais j'avais gagné. Je m'achetai une nouvelle tenue de pied en cap : costume, chaussures, sans oublier un chapeau de paille.

Je restai chez Acme jusqu'en 1935. Je gagnais cinquante dollars par semaine, une somme en cette époque de dépression, mais j'étais malheureux et j'avais des fourmis dans les jambes. Je voulais encore progresser. Moi qui me savais destiné à la gloire, à faire de grandes choses, j'étais là, coincé dans la chambre noire, à développer les photos des autres, à l'affût de la mission occasionnelle pour me faire plaisir. Je rêvais de faire toutes les photos moi-même. Une fois encore, je donnai mes deux semaines de préavis, et démissionnai.

4

Photographe du crime

J'ai commencé à me lancer à la pige près du quartier général de la police de Manhattan. Ayant eu quelques occasions d'y aller quand j'étais chez Acme, je me suis dit que c'était l'endroit naturel où installer *mon* QG. Je savais que c'était le centre nerveux de la ville, et que c'était là que je trouverais les photos que je voulais.

J'arrivais sur les coups de minuit. Le flic de l'accueil somnolait, un journal agricole sur les genoux, rêvant du jour où il pourrait raccrocher, prendre sa retraite dans une ferme de Floride et élever des poules. Le télex de la police chantait sa petite chanson de crime et de violence : un corps flottant dans l'East River, une MAA (mort à l'arrivée)… Un nouveau-né trouvé dans une poubelle… Un homme aux urgences du Bellevue

Hospital avec son petit oiseau coincé dans une bouteille. (Salut, docteur Kinsey !) Voilà qui allait être mon monde pendant les dix années suivantes, mon île à moi, ma petite « niche ». Le crime était mon huître, et j'aimais ça… Mes études supérieures dans la vie et dans la photographie.

Je n'avais ni accréditation ni carte de presse. À force de me voir toutes les nuits avec mon appareil Speed Graphic, les flics présumaient que j'étais un des garçons de la presse et me foutaient la paix. Les reporters de la police, qui avaient leurs bureaux au fond du quartier général, formaient une bande sympathique. Je me rendais utile en courant de l'autre côté de la rue pour leur rapporter les dépêches du téléscripteur ou du café. Et quand il se passait un truc, ils m'embarquaient avec eux.

Être photographe free-lance n'était pas la façon la plus facile de gagner sa vie. Il fallait une bonne grosse histoire pour réussir à vendre une photo aux rédacteurs en chef. Un camion accidenté avec le chauffeur piégé à l'intérieur ; un immeuble en flammes, avec les habitants hurlant tirés de là par la grande échelle, leur bébé, leur chien, leur chat, leur canari, leur perroquet, leur singe et même leur serpent dans les bras ; le cadavre d'un gangster encore fumant, allongé dans le caniveau, élégant dans son costume sombre et son chapeau perle, fraîchement descendu, avec un prêtre, sorti de nulle part, lui donnant l'extrême-onction ; des braqueurs pris en flag, des lady cambrioleuses, etc.

Voilà les photos que j'arrivais à vendre. C'était pendant la Dépression, et les gens oubliaient leurs propres problèmes en lisant ceux des autres. Pour les gentilles jolies photos des pages pour dames, comme celle de Mme Eleanor Roosevelt cousant un écusson de la NRA[1] sur une culotte, les journaux envoyaient leur propre photographe.

Après une série de photos, je m'arrêtais d'abord au *New York Post* sur West Street. J'avais la clé de leur chambre noire. Je déposais les négatifs en verre encore humides et, mon appareil à l'épaule, le tripode sous le bras, je faisais mon numéro à Paul Sann, au desk. Quand j'avais fini, je m'en allais visiter les autres journaux de l'après-midi pour fourguer les photos qui me restaient.

---

1. National Rifle Association.

Il fallait que le sujet soit digne d'une bonne Une, que ce soit un *must*, pour que les journaux alignent cinq dollars pour un cliché. Ils appelaient ça de « l'art ». La plupart des rédacteurs en chef nourrissaient des rêves de grandeur. Ils pensaient tous qu'ils dirigeaient un autre *New York Times*, et ne s'intéressaient qu'aux problèmes internationaux, comme la crise du blintze en Bulgarie, les tensions nées de la pénurie de halva en Turquie, etc. Ils en oubliaient complètement leurs lecteurs, affamés d'infos locales, qui devaient se rabattre sur la radio.

Mon deuxième arrêt était pour le *New York Sun*. Il y avait un grand panneau « interdiction de fumer » affiché dans la salle de rédaction, que j'ignorais avec superbe. Si j'avais une photo de l'arrestation de deux délinquants menottés, je la coupais en deux, et les vendais cinq dollars pièce. Partenaire de la chaîne d'épiceries Frank Munsey, et pas exactement un nid de génies non plus, le *Sun* avait un faible pour les photos d'animaux. J'en avais toujours quelques-unes pour eux. En fait, j'étais en liaison avec toutes les casernes de pompiers de Manhattan. Si une chienne mettait au monde une portée de petits, je déposais toute la petite famille encore sous le choc dans une paire de bottes de pompiers, ou les glissais dans une chaussette pendue au séchoir et j'avais ma photo.

Pour le *Journal-American,* je passais carrément mon tour. Il fonctionnait comme une usine, sans âme. Arthur Brisbane, rédacteur en chef chez Hearst (du genre qui croyait toujours à la vieille théorie du gorille qui bat le champion du monde de boxe) et promoteur immobilier, avait vendu au vieux un bout de terrain sur South Street où se trouvaient les locaux du *Journal.* La seule façon de s'y rendre, c'était par navette privée, affrétée par le *Journal,* mais jamais tôt le matin. Les alternatives : atterrir sur le toit en hélico (pas encore disponible à l'époque) ou confier les photos à des pigeons voyageurs — méthode utilisée par le *Journal* sur les gros coups.

J'aimais bien le *World Telegram,* fort pour les grands papiers magazine. À l'insu du grand patron, Roy Howard (du groupe Scripps-Howard, auquel appartenait le journal), ils faisaient école d'écriture pour le *New Yorker.* Quand le *Telegram* avait racheté le *World,* c'était surtout une sorte de guide, plein de tuyaux sur les courses de chevaux. Les joueurs font un bien pauvre lectorat, toujours fauchés, sans un sou pour s'offrir les produits annoncés dans le journal. Aussi, le *Telegram* se débarrassa des tuyaux sur les canassons et commença à se remplir de reportages — qu'ils publient toujours aujourd'hui. Certains journalistes se révélèrent d'authentiques génies : le *New Yorker*, qui commençait à se faire un nom, les a presque tous débauchés.

Quand j'en avais fini avec les journaux de l'après-midi, je passais aux agences. Je prenais le métro jusqu'à Radio City. Au bureau de l'Associated Press, je dépliais une carte de la ville pour convaincre le rédac-chef photo — en général, un provincial en costume à rayures qui fumait la pipe, venait du Middle West et ne savait absolument rien sur la ville — qu'il fallait absolument acheter la photo d'une descente dans une maison de jeu sur Park Avenue, où l'on voyait les gens de la haute monter dans le panier à salades en smoking et fourrures, pour l'envoyer à leurs éditions régionales.

Avec Acme Newspictures, c'était facile. Chez eux, je ne tentais pas de me débarrasser de ma camelote ! Je leur gardais mes meilleurs clichés. Le rédac-chef photo était un ami, et je lui faisais toujours un prix.

Ensuite, je passais aux journaux du matin. Impossible de rentrer au *Herald Tribune* : je ne portais pas de cravate. Je ne m'embêtais pas non plus avec le *New York Times*, j'étais en désaccord avec leur ligne éditoriale : ne jamais publier de photos de gangsters locaux morts, quelle que soit leur stature. On n'avait tout simplement pas la même vision des choses. Des années plus tard, ils publièrent une photo de Mussolini et sa maîtresse, surpris dans une station-service à Milan. Le *Times* avait rejoint le droit chemin, je décidai de me réconcilier avec eux.

Le *Daily News,* un tabloïd, était un bon client. Ils passaient tout, plus c'était sexy ou sanglant, mieux c'était. Leurs millions de lecteurs avaient besoin de leur bain de sang quotidien et de leur dose matinale de sexe avec leur petit déj. Le colonel Patterson dirigeait l'endroit comme un camp armé. À l'intérieur comme à l'extérieur, les gardes de sécurité en uniformes portaient tous flingue et bombe lacrymo (c'est toujours le cas). Tout y était, sinon les barricades devant l'immeuble de la 42e Est. Un frisson me parcourait à chaque fois que je prenais l'ascenseur pour la salle de rédaction du septième étage, vu qu'il arrivait de temps à autre qu'une bombe lacrymogène explose. Dans ces cas-là, on m'emmenait au poste de premiers secours où l'on me donnait soins et oxygène en me disant que le *Daily News* chouchoutait toujours ses amis. En général, je me débrouillais pour en faire mon dernier arrêt.

L'autre tabloïd, le *Daily Mirror*, était un journal libre et détendu. Au détour de la conversation, je lâchais à Manny Elkins, le patron du service photo, que je venais de vendre une série au *News*. Forcément le *Mirror* se devait de l'avoir aussi, à cause de la sévère concurrence entre eux. Quand j'ai commencé à faire affaire avec le *Mirror,* je leur vendais une photo et je retrouvais la même image le lendemain dans le *Journal-American*. Je posais la question au rédac-chef photo : « Comment ça se fait ? » Il me disait que le *Journal-American* appartenait également à Hearst. Je lui faisais alors remarquer l'étiquette qui ornait le verso de toutes mes photos : « Photo : Weegee The Famous. Vendue pour utilisation dans une seule publication », et je ramassais cinq dollars supplémentaires.

Un jour, je découvris mes photos à la fois dans le *Daily Forward* et dans le *Daily Worker*. Elles leur avaient été envoyées par le service technique de Hearst. Je fonçai au *Mirror* demander si ces journaux appartenaient aussi au groupe. Je ramassai cinq dollars supplémentaires pour chaque parution… sans discussion.

Je ne savais pas conduire, alors entre deux papiers, je m'installais dans le bureau des personnes disparues et, les chauffeurs de la police jouant aux instructeurs, je m'entraînais à changer les vitesses avec un manche à balais. Pour ça, le bureau des personnes disparues était l'endroit idéal en soirée. Dans la journée, c'était le délire. Des épouses arrivaient paniquées pour signaler la disparition de leur mari et obtenir une allocation. Dès que les premiers chèques se présentaient, les maris réapparaissaient en douce. Le soir, le bureau déserté, le dernier inspecteur de permanence était bien content d'avoir quelqu'un avec qui discuter le bout de gras. C'est là que je passais mes appels personnels, utilisais la machine à écrire, envoyais mes factures, et donnais rendez-vous à mes amis.

Deux gamins du quartier s'étaient rendu compte qu'ils ne pouvaient plus rembourser le crédit sur leur Ford 1928. Je pris le relais. Je me procurai un permis provisoire et m'offris des leçons de conduite. Bientôt, je pus me rendre sur

les lieux de mes photos en voiture, à condition
d'avoir un titulaire du permis à côté de moi.

Les affaires marchaient bien. Je me régalais.
Les journaux commençaient à compter sur moi.
Un bon meurtre par soir, un petit incendie et un
hold-up pour faire bonne mesure, et je m'assurais ma ration quotidienne de *blintzes*, de *knishes*
et de pastrami, avec l'agréable sensation des
billets verts pliés dans ma poche. J'avais vécu
dans des chambres meublées de l'East Side et du
West Side. Ma relation avec la police était désormais assez sûre pour que je loue une chambre
dans la rue derrière leur quartier général. J'avais
équipé l'endroit de manière à capter directement
leur signal radio, et les alertes incendies du QG
des pompiers. Le loyer était de dix-sept dollars
par mois. J'étais heureux.

Dès lors, j'étais en mesure d'accompagner les
reporters sur les lieux. Parfois, pour rire, ils se
barraient avant moi. Vu que je n'avais toujours
pas mon propre permis de conduire, j'étais
coincé jusqu'à ce qu'un flic vienne à ma res-
cousse et me ramène. Cela arrivait tellement
souvent que je décidai d'engager un chauffeur à
temps partiel. Tony vivait dans le même pâté de
maisons que moi, alors quand il se passait quel-

que chose au milieu de la nuit, je pouvais le réveiller et nous étions partis. En début de soirée, je prenais mes leçons de conduite dans les rues désertes. Si j'étais invité quelque part à dîner, naturellement, j'emmenais Tony. On finissait souvent chez May sur Amsterdam Avenue, pour se détendre et prendre un peu de bon temps.

J'avais fait la connaissance de May à l'époque où je bossais chez Acme. Toute la journée, des coursiers se présentaient avec des plis express, apportant des photos des quatre coins du pays. Je me souviens d'un facteur, photographe amateur, qui se pointait dans la chambre noire pour me regarder travailler et me soutirer quelques trucs de pro. En échange, il me refilait des « adresses ». Je les gardais pour mes jours de congé, mes jours de fréquentation des prostituées.

Il y a une adresse qui me plut tout particulièrement, sur la 116ᵉ Rue Ouest, à Harlem, juste à côté d'un des *paradis* de Father Divine[1]. L'endroit débordait de filles, noires comme blan-

---

1. Father Divine (1880-1965), leader spirituel afro-américain entre 1907 et 1965, fondateur du Mouvement international missionnaire pour la paix, lutta contre la misère et la discrimination raciale. Ses « paradis » accueillaient les plus pauvres pendant la Grande Dépression. Ses détracteurs lui reprochaient sa fâcheuse tendance à se prendre pour Dieu.

ches. J'essayai chaque couleur… c'était un dollar par parfum.

Un samedi, je partis de bonne heure pour la dernière adresse conseillée par le facteur, un petit immeuble dans le Bronx. Je sonnai à la porte. La bonne jeta un œil au judas et réclama un mot de passe. J'étais préparé : « la poste ». La porte s'ouvrit. À l'intérieur, une vingtaine de facteurs en uniforme attendaient leur tour. Je ne fais jamais la queue, si bien que je repartis aussitôt, me rabattant sur une maison portoricaine où j'avais déjà passé un samedi de luxure.

La semaine suivante, mon copain facteur, qui devait toucher un pourcentage, me demanda comment ça s'était passé. Je répondis « nul ! » et l'envoyai sur les roses. Il plaida pour une dernière chance et me confia une nouvelle adresse : « Satisfait ou remboursé ! » assura-t-il. C'est comme ça que j'ai fait la connaissance de May.

Sa petite affaire était située sur Amsterdam Avenue, dans les numéros soixante-dix, les plus chauds. Ici, on ne vous pressait pas. L'atmosphère était cosy et les filles, vraiment belles. Où elle les dénichait, je n'ai jamais pu deviner — aucune ne parlait anglais. Elle devait les récupérer clandestinement, à la descente du bateau, en direct de Cuba. Elles se pavanaient dans la pièce, toutes nues, pour donner aux clients un aperçu de ce qui les attendait. Le prix était tout à fait modeste, au vu de la marchandise : deux dollars.

May était une femme comme je les aimais. Elle avait installé des judas aux murs avec vue sur… l'action.

Une des filles était tombée amoureuse de Tony et refusait ses deux dollars. Elle payait May de sa poche.

Une nuit, les choses tournèrent mal. May me confia qu'elle avait les flics sur le dos, qu'elle allait devoir fermer boutique. Je lui conseillai de ne pas se précipiter, le WPA[1] mettrait bientôt en vigueur un projet de régulation de la prostitution et, par mes connexions, je pourrais lui obtenir un poste de formatrice à cent dollars la semaine. Elle me fit confiance. Du moins, elle resta ouverte quelques semaines de plus. Mais elle finit par devoir baisser le rideau et s'en alla travailler pour Lucky Luciano, qui avait sa propre chaîne de maisons closes dans toute la ville. Chez

---

1. WPA : la Works Progress Administration fut la plus grande agence du New Deal, créée par F.D. Roosevelt par décret présidentiel en 1935, pour offrir des millions d'emplois (construction, bâtiment, routes, etc.) aux victimes de la Grande Dépression.

Luciano, la madame touchait un salaire de base plus une commission, et les filles passaient chaque semaine d'une maison à l'autre, comme un réassort de marchandise. Si les flics faisaient une descente quelque part, les avocats et les garants de Lucky s'occupaient de tout. Et les salaires tombaient comme si de rien n'était. May s'en assurait.

May n'était pas la seule à avoir des problèmes. J'avais les miens. Les reporters du QG de la police m'appelaient « le tiers de la nation », citant le Président Roosevelt[1]. C'est vrai, j'étais mal nourri, mal logé, mal habillé, mais je m'en sortais mieux que deux ans auparavant, quand mon adresse postale était toujours Penn Station.

Je décidai qu'une partie du problème avec mon travail indépendant, c'était la surproduction. Tant de gangsters mouraient chaque soir aux quatre coins de la ville que les rédacs-chef faisaient la fine bouche. « Après tout, disaient-ils, nous sommes un journal familial ! » Et pourtant,

---

1. « One third of a nation » : expression devenue célèbre employée par F.D. Roosevelt au cours du discours inaugural de son second mandat, le 20 janvier 1937. Il désignait ainsi les laissés-pour-compte de la Grande Dépression qu'il estimait avoir largement contribué à sa réélection.

j'étais en train de prendre quelques-unes des meilleures photos de crime de ma carrière. Parfois, je choisissais même un éclairage latéral à la Rembrandt, pour qu'on ne voie pas trop de sang. Et je donnais au macchabée un air confortable, comme s'il faisait une petite sieste. Mais le marché était saturé. Il traînait tellement de photos de crimes irrésolus dans ma chambre que j'avais l'impression de louer une aile de la morgue municipale. J'apportais mes photos à un rédac-chef, mais dès qu'il retrouvait le nom et le casier du cadavre, il lâchait : « Ça le fait pas.

— Qu'est-ce que vous voulez dire, ça le fait pas ? j'disais.

— Ben regarde, c'est un petit voyou syndiqué de base, le genre jeune cadre dynamique. Il déjeune chez Chock Full O'Nuts. Il porte un costume rayé, un chapeau gris perle et ses chaussures sont bien cirées. C'est un vrai futur ennemi public, ton gars, haut sur la liste des dix criminels les plus recherchés. Nan, ça le fait pas, répétait le rédac-chef.

— Alors qu'est-ce qu'il vous faut pour trois dollars !

— Nous avons une nouvelle règle, répliquait le rédac-chef, pour être publiés, il faut qu'ils aient commis dix meurtres et qu'ils aient leur bac. Réveille-toi, Weegee, continuait-il. Ça fait six ans maintenant que tu nous refourgues les mêmes photos et franchement, pour ce que j'en sais, ça pourrait tout aussi bien être toujours le même gangster allongé sur le trottoir, avec le même chapeau mou. La rumeur prétend que c'est toi qui ajoutes le chapeau, comme une sorte de signature. Nos lecteurs s'ennuient. Les chiffres de vente sont si mauvais qu'on envoie nos livreurs à Harvard pour essayer de trouver des nouveaux abonnés.

— Le crime ne paie plus, c'est ça ? » demandais-je.

Le rédac-chef m'adressait un regard lourd. « Du sexe, disait-il dans un souffle. Des femmes, Weegee ! »

Je disais : « Écoutez, les seules femmes que je connaisse sont des putains, des pickpockets ou des petites voleuses.

— Eh ben, commence à t'entraîner sur elles. Mais plus de gangsters morts. Il nous faut des corps *vivants* à la une. »

Tandis que les gangsters se liquidaient entre eux, les autres crimes — vols à main armée, vols de bijouteries, kidnappings — en prenaient un coup. Les flics n'aimaient pas ça. Mauvais pour le moral. Les flics ont besoin d'action. Les gros crimes leur apportent leur lot d'arrestations, leur publicité, leur photo dans le journal avec le criminel capturé, des promotions, etc. (Une réunion d'urgence fut organisée au QG de la police. Toutes les huiles y étaient et le responsable de la publicité du département passa un mauvais quart d'heure.) Moi non plus, ça ne me plaisait pas. Je me retrouvais dans le rouge.

Sans compter que les lecteurs du *Daily News* et du *Mirror*, au lieu d'appeler les tabloïds pour les rencarder à cinquante *cents* le tuyau, se prenaient désormais pour des photographes. Ils s'achetaient des Brownies avec flash et s'y mettaient tous. Un amateur particulièrement ambitieux commença même à mettre lui-même le feu à des immeubles d'appartements. À cette heure, il termine sa formation de photojournaliste à Sing Sing.

Les chauffeurs de taxi, au lieu de parcourir les rues à la recherche de clients, dénichaient les endroits où il se passait quelque chose, un appareil photo chargé sur le siège passager. Les ambulanciers se tiraient la bourre pour répondre aux appels d'urgence... pour être les premiers à prendre des photos. Même les dépanneurs qui, pour un billet de cinq, se faisaient rencarder par les flics sur les lieux d'accidents, se trimballaient avec un appareil. Tout ça, c'était de la concurrence déloyale et malsaine. Je perdais l'espoir, et la main.

Un vendredi après-midi, fauché comme les blés, je me pointai au service commercial d'Acme. Ils achetaient toujours des photos d'accidents de voiture pour les magazines d'assurance : trois dollars le cliché, deux pour cinq. Je détenais un petit bijou, une superbe voiture flambant neuve prise dans une collision de face, pliée comme un accordéon, avec la tête du conducteur mort sortant du pare-brise éclaté. Je sentais presque déjà dans ma main les cinq dollars sur lesquels je comptais pour tenir jusqu'au week-end. Le type à l'accueil, qui était nouveau, me déclara qu'il m'achèterait ma photo si je lui fournissais une décharge écrite du mort. Je lui conseillai de se mettre en contact avec les esprits.

Bob Dorman, le patron d'Acme, m'invita à prendre un verre dans son bureau. « Weegee, les portes de la chambre noire te restent ouvertes, les bains d'hypo t'attendent. Tu sais bien que tu n'as jamais aussi bien dormi que sur ce banc. » Je fus tenté. Mais je ne pouvais pas faire demi-tour. C'eût été perdre la face. Il me donna jusqu'au lundi pour reprendre ma place, après quoi, elle serait à quelqu'un d'autre.

J'envisageai de mettre mon vieux Speed Graphic au clou pour vingt-cinq dollars, mais du coup, s'il s'était passé quelque chose, je n'aurais pas pu prendre de photos. Je commençais à avoir faim. Je m'arrêtai dans un resto casher orthodoxe de l'East Side et me régalai d'un merveilleux repas (à sept plats). (Je n'eus pas à payer car ils ne touchaient pas à l'argent pendant le Shabbath. On réglait la note plus tard dans la semaine.) Il me restait des cigares, aussi je m'en allumai un et rentrai au QG.

Tôt le samedi matin, les camions de livraison de journaux commencèrent à arriver, avec leurs exemplaires gratuits pour la police et les journalistes. À la une du *New York Times,* encore une crise internationale illustrée par des cartes. (Qui lit les cartes ?) Soucieux de ne pas se faire coiffer au poteau, le *Herald Tribune* ouvrait sur la même crise ; au lieu d'une carte, ils avaient une grille de mots croisés. Le *Mirror* n'arriva pas au QG ce matin-là. C'était jour de paie ; le livreur s'était retrouvé dans une mauvaise passe aux dés et tentait de se refaire.

Le *Daily News,* qui ne trahissait jamais ses fidèles lecteurs, affichait une perle ; en travers de la une en gros caractères, s'étalait le titre : « Meurtre à la hache à Jersey ». En rentrant chez elle, une mère avait surpris sa gentille fi-fille de dix-sept ans avec son petit ami et s'était indignée de les voir faire l'amour sur le sol de la cuisine. Les tourtereaux s'étaient saisis d'une hache, avaient frappé la femme à la tête, et l'avaient tuée.

Pourquoi fallait-il que cela se passe dans le New Jersey, pourquoi pas au centre de Manhattan ? L'histoire était parfaite pour n'importe quel journal, un don du ciel pour les tabloïds. Mais jusque-là, pas de photo. On réunit les pleureuses[1] et les reporters, on leur donna deux mille dollars (pour commencer) pour acheter l'histoire de la vie du couple et l'exclusivité des photos. En guise de motivation supplémen-

---

1. « Sob Sisters » : à cette époque de machisme triomphant, les sujets « tire-larmes » étaient réservés aux rares femmes journalistes, jugées plus aptes à couvrir ces histoires « d'intérêt humain » (pour ne pas dire limité) destinées à faire pleurer dans les chaumières. Mais l'appellation appartiendrait plus au cinéma qu'à la vie réelle.

taire, un journal envoya même un avocat sur place pour préparer la défense des tourtereaux.

Je trépignai. Voilà qui m'aurait changé les idées de ma petite crise financière. Mais je n'avais pas d'essence dans la voiture. Et puis, je me paume toujours dans le New Jersey.

J'appelai le *New York Post* et leur proposai d'y aller en espérant qu'ils m'y envoient aux frais de la princesse. Ça les intéressait. Ils dépêchèrent un de leurs reporters (Leo Katcher, lequel est depuis devenu un scénariste et un producteur à succès à Hollywood) pour passer me prendre au QG. Nous partîmes dans sa voiture de sport.

Nous arrivâmes à la prison vers cinq heures du matin. Je m'attendais à une foule de reporters mais la prison était déserte. Le gardien nous apprit qu'il y avait bien eu foule, mais qu'il n'avait permis à personne de parler au couple ou de prendre des photos avant le matin. Les journalistes avaient dignement convenu d'aller se coucher et de tous revenir à huit heures le lendemain.

Nous étions en veine. Le gardien était un vieil ami de Katcher. Leo qui, à une époque, avait couvert la région, lui avait accordé pas mal de faveurs. Je lui demandai de faire sortir les amoureux et aussi de dire à la fille de se faire belle. Les jour-

naux aimaient leurs meurtrières bien pompon-
nées.

Quand ils firent leur apparition, elle était
toute mignonne, une vraie poupée. Le petit ami
aurait pu être le capitaine de l'équipe nationale
de hache. Ils étaient trop beaux pour être vrais. Je
me mis rapidement au travail. Comme un réalisateur de cinéma, je leur criai : « Je veux voir
l'amour briller dans vos yeux ! » Je leur fis se tenir
la main, s'embrasser, se prendre dans les bras
l'un de l'autre… Un portrait en pied tandis qu'ils
s'avançaient vers l'objectif, et aussi des gros
plans. Je pris des photos jusqu'à épuisement de
mon stock de plaques.

J'étais impatient de rentrer à la chambre noire
du *Post* pour finir mes photos. Le *Post* en fit sa
première édition. C'était le seul journal new-yorkais à avoir des images. Je reçus vingt-cinq dollars cash de la part de Walter Lister, le rédac-chef
des faits divers, puis quinze dollars de la part
d'Associated Press Photos, dix dollars d'Acme,
et quinze du *Mirror*. Même le *Herald Tribune*
publia mes photos à la une. Jusque-là, j'avais
ramassé soixante-quinze dollars. Le meurtre à la
hache m'avait sauvé la vie. Le malheur des uns
fait le bonheur des autres, je suppose.

L'auteur.

Le film.

Arrivée à Hollywood.

Une publicité pour moi-même.

Avec Leslie Caron.

Avec "Satchmo", Louis Armstrong.

Un autographe pour Gregory Peck.

Avec Marlène Dietrich.

Un teint de lys.

Ma carte
syndicale.

1949 1337

CLASS A   MEMBERSHIP

SCREEN ACTORS GUILD

BRANCH OF ASSOCIATED ACTORS AND ARTISTES OF AMERICA
AFFILIATED WITH AMERICAN FEDERATION OF LABOR

This Card will not be honored before November 1, 1948

CARD EXPIRES JANUARY 31, 1949

Arthur Fellig (Weegee) 32842A

Member's Signature Arthur Fellig (Weegee)

John Dales, Jr.

Executive Secretary

28

Essais pour le film "The Set Up".

Derniers rituels.

Un rescapé.

Tragédie.

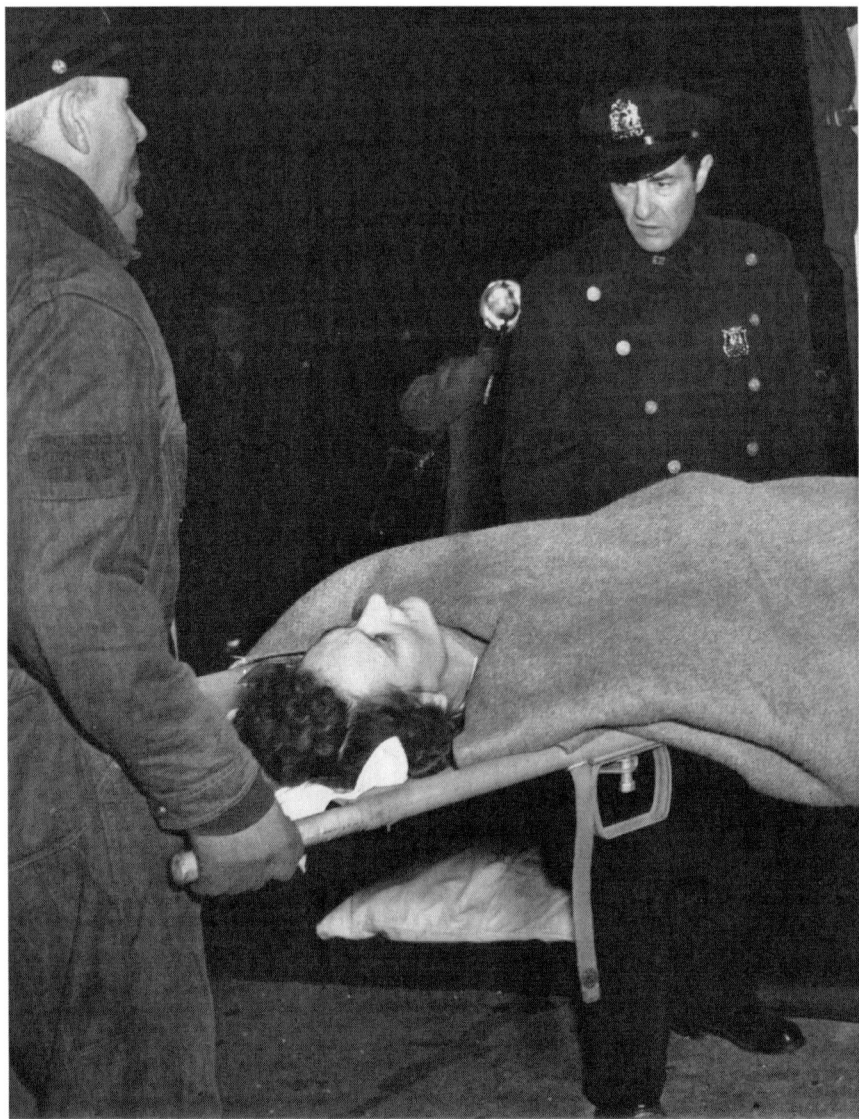

Le bon flic.

5

Murder, Inc.

Les choses revinrent à la normale. Les flics et les reporters retrouvèrent le sourire, et moi aussi. Guerres des gangs, fusillades, hold-up, kidnappings... J'étais à nouveau plein aux as. Mes photos, ma signature « Photo par Weegee », étaient quotidiennement dans le journal. *Life Magazine* me remarqua, et consacra deux pages et demie à ma façon de travailler au QG de la police dans sa rubrique « Parlons images ». Je signai la « Photo de la semaine » à plusieurs reprises.

Désormais, tous les journaux et toutes les agences me proposaient un boulot. Je leur demandais un peu de respect : j'entendais rester une âme libre.

Je m'offris un coupé Chevy 1938 marron flambant neuf. Puis j'obtins ma carte de presse et une autorisation spéciale des grosses légumes d'installer une radio de la police dans ma voiture, la même que les flics. J'étais le seul photographe de presse à en avoir une.

Ma Chevy devint ma maison. Elle n'avait que deux sièges, avec un coffre particulièrement vaste. J'y gardais toutes mes affaires, un boîtier de secours, des réserves d'ampoules de flashs, des pellicules d'avance, une machine à écrire, des bottes de pêcheur, des boîtes de cigares, du salami, des films à infrarouge pour photographier la nuit, des uniformes, des déguisements, des sous-vêtements de rechange, une paire de chaussures et de chaussettes de secours.

Je n'étais plus collé au téléscripteur du commissariat. J'avais gagné mes propres ailes. Plus besoin d'attendre que le crime vienne à ma rencontre, je pouvais le pourchasser. J'étais branché sur la radio de la police en intraveineuse. Mon appareil était ma vie et l'amour de ma vie. Ma lampe d'Aladdin.

Je commençais ma tournée vers minuit. D'abord, je jetais un œil au télex des flics pour me mettre à jour. Et puis, en voiture. J'allumais la radio de la police, puis celle de la voiture, que je réglais sur une station intello pour écouter de la musique classique. La vie suivait son programme, tragique mais ponctuel, agrémenté de quelques interludes comiques entre les crimes.

De minuit à une heure du mat', j'écoutais les appels des stations signalant des voyeurs sur les toits et les escaliers de secours des dortoirs d'infirmières. Le genre d'appels qui faisaient juste marrer les flics : les types avaient bien le droit de s'amuser un peu. Entre une et deux heures du mat', quelques attaques à main armée dans les derniers *delicatessen* encore ouverts, voilà qui commençait à intéresser la police. Entre deux et trois, accidents de voitures et incendies… la routine que les flics avaient appris à gérer en première année d'école de police. À quatre heures du mat', les choses s'animaient. C'était l'heure où les bars fermaient, et la boisson avait calmé les ardeurs. Le patron criait « on ferme ! » mais les clients refusaient de partir. Pas envie d'aller retrouver leurs mégères. Les gars en bleu les escortaient vers la sortie, et revenaient pour s'offrir quelques verres à leur tour, dans la pénombre des bars vidés. Puis, de quatre à cinq, les appels pour cambriolages et bris de vitrines s'enchaînaient.

La plus tragique des heures commençait après cinq du mat'. Les gens avaient affronté leurs insomnies toute la nuit, s'angoissant sur des problèmes de santé, d'argent ou d'amour. Ils étaient au plus bas, physiquement et mentalement, et finissaient par se balancer par la fenêtre. Je n'ai jamais photographié ces plongeons. Je passais ma route. La nature était clémente. Une femme atterrissait sur le trottoir, une chaussure en moins, mais le visage intact. Les flics recouvraient son corps de journaux. C'était trop pour moi, ma nuit était finie.

Quand je n'avais pas de photos à développer, je marquais un arrêt au drugstore de Hanson, ouvert toute la nuit. Walter Winchell, le plus grand homme de presse du monde, buvait généralement son café au comptoir. Nous en avons passé des bons moments, ensemble, à traquer des sujets dans la nuit. Il se mouillait toujours pour les collègues quand ils avaient des problèmes avec les flics sur certains coups. Personne n'avait le cran de répondre à Walter Winchell ; en fait, les reporters lui réservaient leurs meilleures infos.

Comme moi, Winchell commençait sa journée à minuit. Il démarrait par le Stork Club et finissait en tenant salon chez Lindy's, au coin de Broadway et de la 51e. À sa table, défilait une procession d'informateurs, d'attachés de presse, de chauffeurs de taxi, de danseuses… tous voulaient voir leur nom dans le journal. Winchell les accueillait chaleureusement, n'importe qui pouvait lui parler. Il aimait vraiment sa petite routine, entre minuit et sept heures du matin. Lui aussi avait une radio de la police branchée dans sa voiture, et quand une alerte était donnée, il se précipitait sur les lieux. Ça l'amusait de jouer aux gendarmes et aux voleurs.

J'ai travaillé avec d'autres hommes de presse devenus célèbres par la suite dont Jimmy Powers et Steve Hannagan, le grand publicitaire. Au QG, je m'arrêtais pour discuter le bout de gras avec les reporters. Il y avait de tout. Johnny Weisberger, du *Journal-American,* était un amateur d'incendies. Il en pinçait pour les camions de pompiers. Il pouvait briefer les flics dans le jargon des pros, sur les moteurs, la pression de l'eau, ce genre de choses. Un type bien et un bon journaliste.

Le joyeux et gros Syd Livingstone du *Journal-American* aimait lui aussi jouer aux gendarmes et aux voleurs. Il avait plus la tête de l'emploi que n'importe quel inspecteur. Artie Rosenfeld, du *Post*, qui était dans les petits papiers du divisionnaire, était le porte-parole de tous les reporters. Tom Killelia, du *World Telegram*, avait été agent pour les Ringling Brothers, et n'avait qu'un seul amour : le cirque. Norman Miller, qui travaillait pour le *Mirror*, sortait toujours son flingue, que son employeur ne lui permettait pas de trimballer chargé. Un autre type du *Mirror* prétendait que le *New York Times* était le meilleur journal pour emballer du poisson. Il faisait autorité.

Chaque journaliste avait sa particularité. Le mec du *News* s'enfermait dans son bureau pour broyer du noir toute la nuit. Quand il se passait quelque chose, les autres reporters cognaient à sa porte pour lui donner le signal du départ... Le reporter de l'Associated Press avait une spécialité : il élevait des chiens et écrivait des articles pour des magazines canins. Son bureau ressemblait à un chenil (et sentait pareil). Il emmenait ses chiens au travail ; il ne s'intéressait qu'aux histoires d'animaux.

Après avoir passé la nuit ensemble, nous allions chez le Hollandais du coin de la rue pour le petit déj. Ensuite on se souhaitait une bonne nuit et je rentrais dans ma chambrette au-dessus du magasin d'équipements de la police. Il y avait un stand de tir à l'arrière du magasin. Je m'endormais au son des coups de feu.

J'en étais là, un type avec un appareil photo et un sérieux complexe d'infériorité, incapable de trouver le temps de vivre une vie un tant soit peu normale, de rencontrer une gentille fille, de se marier et de fonder une famille. J'avais renoncé à tout ça pour mon boulot. Comment rencontrer des filles ? Mon coupé Chevy marron tout neuf m'ouvrit les portes d'une nouvelle vie… Ce n'était peut-être pas joli joli, mais à ce compte-là, aucune des histoires que j'ai pu couvrir ne l'était. Je vivais comme je travaillais. Et j'ai rencontré quelques filles chouettes comme ça, des filles humaines, qui se sentaient seules. Se balader en bagnole avec moi leur donnait le frisson. Et moi pareil.

Certains jours, quand j'avais récupéré mon manque de sommeil, je rattrapais le retard accumulé dans ma vie sociale. J'avais un faible pour les infirmières. Leur emploi du temps concordait avec le mien : elles bossaient toute la nuit. Je détestais la femme carriériste, cette espèce de machine à laquelle il aurait manqué une vitesse ou deux. Si vous parveniez à la persuader de vous accompagner au lit — et dieu sait qu'il en fallait, de la persuasion — elle n'acceptait qu'à une condition : « Pas de sexe ! » Trop occupée à chercher un mari. Les infirmières n'étaient pas comme ça. Elles avaient bon cœur, elles savaient aimer. Elles voyaient trop de souffrances pour ne pas apprécier les joies de la vie et de l'amour. Je posais mon matelas directement sur le sol... c'est plus frais comme ça en été, et nous faisions l'amour sans inhibition, au son des sirènes de police et des alarmes d'incendie.

Je rencontrais les infirmières en prenant mes photos : un flic qui sourit sur son lit d'hôpital tandis que le commissaire divisionnaire lui épingle une médaille... Un bandit armé à l'air morose, menotté sur son lit à l'infirmerie de la prison. Ou quand les flics trouvaient un enfant abandonné. Il y avait vraiment des filles qui s'en fichaient, qui faisaient leur bébé (et le laissaient) n'importe où... dans des poubelles, des cabines téléphoniques, des taxis, des terminaux de bus ou de train, etc. Les flics commençaient par prévenir tous les journaux. Ils voulaient que la photo du gamin soit publiée pour que la mère, saisie de remords en voyant son bébé dans le journal, vienne le récupérer.

La première fois que je couvris une affaire comme ça, dès que j'arrivai à l'hôpital, on me donna un masque et une blouse. Le môme avait deux jours, il souriait. J'allais prendre une photo de lui souriant quand l'infirmière me demanda depuis combien de temps je couvrais les abandons d'enfants. Je lui dis que c'était ma première fois. Elle s'approcha du bébé et le piqua avec une aiguille. Le petit poussa un glapissement et se mit à pleurer. « Maintenant tu peux prendre ta photo, me dit l'infirmière. Voilà qui va ramener la mère. » Et ça a marché.

J'ai tout appris des femmes grâce aux bagnoles. Je m'arrêtais à un feu rouge, une belle nana qui attendait le bus me faisait de l'œil. J'ouvrais ma portière et hop, elle montait. Au bout d'un moment, j'étais devenu daltonien, je m'arrêtais n'importe où, dès que je repérais quelque chose d'intéressant. Certaines filles voulaient vraiment juste se faire déposer quelque part. D'autres se sentaient seules. Moi aussi. Elles manquaient d'aventure, pas d'argent. Les pros jouaient la sécurité et ne s'intéressaient qu'aux voitures immatriculées hors de la ville. Mais il y avait toujours des petites arnaqueuses. Je ne me faisais pas avoir : j'avais envie de connaître leurs combines.

La 4e Avenue, entre la 13e et la 14e Rue, était un bon coin pour draguer. Je me garais, attendais qu'un bus s'arrête. Si la fille ne montait pas, je venais à sa hauteur. Une fois qu'elle était dans la voiture, j'attendais. Un jour, quand je lui ai demandé où elle allait, une fille m'a répondu : « Chez moi, à Brooklyn. » Je me méfie toujours des filles de Brooklyn. Elles sont toxiques. Elles aiment qu'on les raccompagne. (C'est toujours à « un jet de pierre » de Prospect Park. Tu continues *juste* un peu… et tu te retrouves à Sheepshead Bay.) Et quand tu arrives à destination, elles sautent de la voiture, te lancent un merci ! et disparaissent dans leur maison.

Les filles de Manhattan t'invitent à prendre un verre et partagent même parfois le petit déjeuner au lit avec toi le lendemain matin. Mais pas les nanas de Brooklyn… elles prennent mais ne donnent rien.

J'étudiais la fille ; j'aimais les lèvres pleines et sensuelles. Si elle me disait qu'elle aimait aller se payer une toile au Paramount sur Broadway, je proposais :

« Allons-y !

— Oh non ! elle répondait, allons plutôt chez moi. Tu pourras prendre une douche. Je te ferai un massage. On grignotera un morceau, on se reposera un peu, et *après* on retournera à Manhattan pour aller au ciné. »

Je savais bien qu'elle mijotait quelque chose. Mais je voulais savoir quoi. Quand on passait devant une boulangerie, elle suggérait d'acheter un gâteau. Je lui filais un dollar et elle revenait avec une grosse boîte. Après quoi, on passait devant un grand supermarché. Elle voulait des petits pains et du fromage. Alors je lui filais deux dollars et je ne la revoyais plus. Le magasin avait deux entrées, la fille s'était tirée. Je les lui aurais donnés les trois dollars, si elle me les avait demandés. Dans la grosse boîte de la boulangerie, il devait y avoir un *donut* à cinq *cents*.

Un matin, en revenant du journal *PM* à Brooklyn, une fille me fit signe au début du pont de Manhattan. Elle monta. J'étais crevé, je suggérai d'aller chez moi. Mais elle avait d'autres idées en tête. Elle voulait d'abord voir un film pour se mettre dans l'ambiance. Elle n'avait « rien fait » depuis des mois, me confia-t-elle, en se blottissant contre moi tout en me caressant la jambe. Je conduisis jusqu'au Grand Opera House Movie

Theatre au coin de la 8ᵉ Avenue et de la 23ᵉ Rue, qui était ouvert dès le matin. À l'intérieur, elle s'excusa, elle devait aller passer un coup de fil urgent. Elle ne revenait pas. Je m'inquiétai. Peut-être avait-elle succombé à une crise de frustration sexuelle ? Je demandai à l'ouvreuse de visiter les toilettes des dames pour moi. L'ouvreuse me sourit. Elle me dit que la fille s'était présentée à la caisse, avait dit à la caissière qu'elle avait déjà vu le film, et s'était fait rembourser les trente-cinq *cents* du billet.

Celles qui me touchaient le plus et que j'étais toujours prêt à aider, c'était les filles qui voyageaient léger. Elles me rappelaient mes années à Penn Station. Quand j'en ramassais une, je suggérais toujours un resto. D'abord, elle voulait s'arrêter dans un drugstore pour acheter du maquillage. Si la fille ne me prenait pas pour un con et n'en faisait pas trop, j'étais prêt à lui offrir deux dollars de marchandise. Au restaurant, elle allait « s'arranger » et revenait comme une autre personne. Je lui glissais un billet de cinq pour qu'elle puisse au moins se payer une chambre pour la nuit. Et je la quittais après le repas.

Le QG de la police était mon club. Je m'installais dans mon fauteuil préféré à l'accueil, fumais un cigare, mon appareil toujours à portée de main. Tôt ou tard, tous les gens qui comptaient finissaient par passer. Et pas seulement pour une visite de courtoisie. Ils étaient tous menottés à un inspecteur, et devaient signer le livre d'or à l'entrée… Richard Whitney, président de la Bourse de New York… Jimmy Hines, chef du Tammany Hall…[1]. Fritz Kuhn, le nazi… Robert Irvin, le sculpteur fou de l'affaire Roney Gideon, qui avait tué trois personnes, deux femmes et un homme… Father Divine, suivi de ses anges noirs. À part Fritz Kuhn, je compatissais, pour eux et leurs familles. C'était des vedettes, et il y avait toujours un *district attorney* ou un juge ambitieux pour les charger au maximum. Mais à mes yeux, ces gars n'étaient pas des criminels.

Ceux à qui je préférais tirer le portrait (sans rendez-vous, le commissariat le plus proche était mon studio), c'étaient mon pote « Dutch » Schultz, le baron de la prohibition, et ses semblables. Schultz avait toujours la migraine quand il se faisait arrêter, et moi j'avais toujours de l'aspi-

---

1. Tammany Hall : institution qui tenait son nom du building qui lui servait de siège, associée au parti démocrate, qui aidait les immigrants nouvellement arrivés à s'installer, à se loger, à trouver du travail, à se dépatouiller dans les démarches administratives, etc.

rine pour lui. Jack « Legs » Diamond, un autre de mes chouchous, était un vrai gentleman. Il s'était tellement fait tirer dessus qu'on l'appelait « la passoire humaine ». « Mad Dog » Vincent Coll, qui tuait par pur plaisir, figurait aussi sur ma liste de VIP. Tout comme « Waxey » Gordon, le roi de la drogue. J'étais leur ami et leur confident. Bookmakers, maquerelles, parieurs, call-girls, macs, arnaqueurs, cambrioleurs, receleurs... tandis qu'on les enregistrait, je leur glissais un paquet de cigarettes. En échange, ils me faisaient passer une note avec le numéro à appeler pour organiser leur remise en liberté sous caution.

Pas un trafiquant ne gagnait sa place au top 10 des ennemis publics du FBI avant d'avoir été pris en photo par Weegee. Je finis par recevoir les honneurs qui m'étaient dus quand les gars m'attribuèrent le titre de photographe officiel de Murder, Inc.

Je m'inspirais des trafiquants pour reprendre New York City à mon propre compte. Nul autre photographe indépendant n'avait le droit de travailler depuis les quartiers généraux de la police de Manhattan... c'était mon territoire exclusif. Un type essaya de s'incruster, mais les flics ne le laissèrent pas s'approcher du téléscripteur et les reporters le chassèrent de l'immeuble de la presse. Je l'exilai à Brooklyn, où il ne se passait jamais rien sinon d'occasionnels incendies de chantier.

Le commissariat de la 51ᵉ Est était la meilleure adresse pour le crime. Le rendez-vous du gratin, les histoires de Park Avenue… le Stork Club, El Morocco, le Twenty-One et les vols de bijouteries à cent mille dollars. Pour entrer, il fallait réserver sa place à l'avance et présenter deux lettres de recommandation émanant des gardiens d'Alcatraz et de Sing Sing. Là-bas, les inspecteurs ressemblaient à des capitalistes et lisaient le *Wall Street Journal*. Leurs matraques, leurs menottes et leurs costumes étaient fabriqués sur mesures. Ils fumaient des cigarettes filtre anglaises importées. Ils utilisaient même de l'encre parfumée pour prendre les empreintes. Le capitaine, le patron de la maison, m'adressa un ultimatum. Je *devais* porter une cravate. C'était le seul endroit où j'étais prêt à transiger. Il faut parfois savoir s'incliner.

En plus de leurs reporters auprès du QG de Manhattan, les tabloïds avaient des bureaux spéciaux, des baraques en face du commissariat de la 51ᵉ. Ils y envoyaient leurs meilleurs hommes, avec notes de frais illimitées. Leur boulot était de s'attirer la confiance des flics, de devenir leur rabbin ou leur *shamus*[1]. Quand un inspecteur se retrouvait dans le pétrin, les reporters allaient plaider sa cause auprès du divisionnaire et lui obtenaient un transfert. Dans un papier, les reporters prenaient toujours soin d'orthographier correctement le nom du flic et de mentionner son grade. Ils exagéraient toujours un peu l'histoire, à la Dick Tracy. En échange, les inspecteurs leur refilaient des tuyaux en exclusivité et leur passaient des photos, parfois sous le manteau, quand une grosse affaire explosait. Les reporters ramenaient les photos en vitesse à leur rédaction pour en faire des copies, et plus tard, ils rapportaient les originaux. Le journal favorisé obtenait l'exclusivité et les détails d'une affaire avant l'annonce officielle à la presse. Les relations faisaient tout. Les grosses légumes ne parlaient pas avant d'être « prêts ». Mais la presse ne pouvait pas attendre, c'était donc les inspecteurs qui s'y collaient.

Les inspecteurs résolvaient la plupart des affaires grâce aux indics (le département avait sa

---

1. *Shamus* : allusion au prénom irlandais Seamus, argot pour détective privé.

caisse noire pour financer les informateurs).
J'avais moi aussi mon propre réseau, super-fruc-
tueux. Il m'arriva plus d'une fois d'en résoudre
une. Les inspecteurs ramassaient les lauriers, la
gloire et les promotions. J'avais les photos. Ça
me suffisait.

Un de mes meilleurs coups fut celui de la
voleuse à main armée qui ne s'attaquait qu'aux
restaurants Child's. (Un faible pour leurs assiettes bleues ?) Elle faisait tourner la police en
bourrique. Les journaux se gaussaient et exigè-
rent même que l'affaire soit résolue au nom du
contribuable. (Si noble de leur part !) Je me rap-
pelai avoir photographié une fille environ un an
auparavant, qui s'était battue au couteau avec
une autre fille pour les faveurs de leur mac com-
mun. Même l'amour vrai commet des excès, et
les flics, manquant de romantisme, l'avaient pin-
cée. En route vers le tribunal, je l'avais photographiée dans la camionnette de patrouille, souriant
effrontément, une rose entre les dents. J'avais
légendé ma photo « Rose espagnole » et elle avait
fait la une. Les agences de mannequins n'en
avaient que pour elle, mais quand elles compri-
rent qu'il leur faudrait l'attendre plus de six
mois, elles passèrent à autre chose.

Sur une intuition, je montrai la photo de cette fille à un ami inspecteur qui travaillait sur l'affaire. Nous fîmes la tournée des restos Child's. L'une après l'autre, les caissières l'identifièrent comme l'agresseur armé. Elle ne tarda pas à être arrêtée et incarcérée au commissariat de la 55e Rue Ouest. Il s'avéra que son flingue était en bois. Et pendant que les autres photographes faisaient sagement la queue pour lui tirer le portrait, en attendant qu'elle raconte sa vie aux flics, j'étais déjà en train de vendre ma photo. Elle se retrouva dans tous les journaux de New York sauf un. Les agences l'envoyèrent dans le reste de l'État, où elle fit un tabac. Même le *Herald Tribune* la passa ; bien qu'enterrée en dernière page avec les histoires de banqueroute. Le *Times* publia un entrefilet (quatre lignes) mais pas de photo.

Ensuite, il y eut la vieille libertine pleine aux as. Elle était d'une bonne famille de Boston (et alors ?). Elle avait subi sept liftings, mais ne disposait plus que d'une seule expression. (Son visage disait toujours « oui » mais elle ne trouvait pas preneur.) Alors elle se paya un gigolo. La femme de chambre la retrouva, étranglée, dans sa baignoire (ils devraient installer des douches).

Son argent et ses bijoux avaient disparu. Les flics menèrent l'enquête. Ils ne trouvèrent strictement rien contre son gigolo, qui avait été vu avec elle dans une boîte de nuit le soir du meurtre. Avec un autre ami flic, je fis un tour dans la boîte qu'ils avaient mentionnée. Je savais que les clubs gardaient les négatifs des portraits pris par la photo-girl. Et bingo, sur un des clichés, dans le fond, on reconnaissait notre vieille… qui dansait avec son gigolo. Avec cette preuve, les flics pincèrent le type. Je filai la photo aux canards et encore un scoop pour Weegee ! Le propriétaire de la boîte était tellement content de la pub qu'il m'offrit à boire. Le gigolo plaida la légitime défense. Il donne actuellement des leçons de danse gratuites à ses codétenus.

« Un enterrement peut être amusant », c'était le titre d'un article qui parodiait les bons conseils du *Reader's Digest*. Eh bien, le meurtre aussi peut être amusant, et ce n'est pas une parodie. Un homme se fit tirer dessus en ouvrant la porte de son appartement au très chic Marguery Hotel sur Park Avenue. Bon début pour un article. Tout y était : le mystère, Park Avenue, le meurtre. Reporters et photographes se précipitèrent sur les lieux. Nous attendions dans le hall que quelque chose se passe. À quatre heures du matin, tout le monde s'était fait relayer, sauf moi. (Je travaille vingt-quatre heures sur vingt-quatre tous les jours de l'année sauf à Kippour.)

Chick Farmer, attaché de presse d'El Morocco, qui raccompagnait une dame chez elle, nous repéra dans le foyer. « Montez donc prendre un verre ! » Nous acceptâmes tous, en chargeant le benjamin de la bande d'attendre que le camion de la morgue arrive pour nous prévenir de descendre. (Les rédacs-chef n'utilisent jamais ce genre de photos, mais ils veulent les avoir. Ça prouve que les photographes sont bien sur le terrain.)

Le « verre » se transforma en fête jusqu'au petit matin, notre hôtesse était très accueillante. Des voisins passèrent, nous appelâmes quelques amies, et nous dansâmes et bûmes jusqu'à plus soif. Enfin, le signal nous arriva du rez-de-chaussée : le camion de la morgue était arrivé. Tout le monde descendit prendre sa photo, sauf moi. Je n'en avais aucune envie. Je ne photographie les gangsters morts que s'ils ont un pedigree.

Puis les gars remontèrent et la fête continua. La femme de chambre se mit à préparer le petit déjeuner, double ration de jambon et d'œufs. (Je commandai des œufs sans jambon et une tartine sans beurre.) Et toujours à boire. Me sentant sur le point de m'endormir, je me retirai dans une des chambres. La coiffeuse était recouverte de bijoux. J'enlevai mes chaussures, me glissai dans le grand lit et m'endormis. (Je ne me déshabille que quand j'ai de la compagnie.)

La fête s'essouffla vers sept heures. Nous descendîmes tous dans le hall de l'hôtel. À huit heures, une nouvelle équipe de photographes se pointa. Je ne bougeai toujours pas. Puis un homme arriva, qui portait une mallette de docteur. Il prit l'ascenseur. Docteur, mon œil ! Il descendait au sous-sol. Je savais qu'il était le meilleur technicien d'écoutes du département. Aussi, à mon tour, je décidai de m'en aller. La nuit avait été improductive ; ça ne marche pas à tous les coups. Mais on s'était bien amusés.

Je m'étais arrangé pour qu'on me glisse le courrier et les télégrammes sous la porte de ma chambre. Je n'avais pas le téléphone ; j'y suis allergique. J'ouvrais d'abord rapidement mon courrier, toujours à la recherche de chèques. S'il y en avait, je les encaissais sur-le-champ au Café

Moran, au coin de la rue. (Avec toutes ces fusions-acquisitions dans la presse, j'assurais mes arrières.) Je cachais mon argent sous mon oreiller, après quoi seulement, je commençais à lire mes lettres et télégrammes.

Un chèque de *Life* : « Deux meurtres, trente-cinq dollars. » *Life Magazine* payait cinq dollars la balle. Un macchabée avait reçu cinq balles, et l'autre deux.

Une demande de la part d'un magazine de Cleveland : « Cher monsieur Weegee, pourriez-vous nous fournir une photo de prostituée ? » Qu'est-ce qu'ils croyaient, que je tenais un bordel ? La réponse qu'ils reçurent : « Quel genre de prostitué souhaitez-vous ? Homme ou femme ? Professionnel ou amateur ? »

Un télégramme d'un magazine masculin ; ils voulaient des photos de types anormaux qui aimaient s'habiller en femmes. J'appelai le rédac-chef pour lui dire que ce qui était anormal pour lui me paraissait parfaitement normal à moi.

Je n'archivais rien. Je mettais mes tirages supplémentaires et mes négatifs dans un tonneau. Si quelqu'un voulait un incendie ou une fusillade, mes deux spécialités quotidiennes, je lui disais de passer et de se servir. Ou mieux encore, il pouvait attendre un peu, et dans les vingt-quatre heures, j'aurais de la marchandise toute fraîche pour lui.

Après avoir dormi un petit peu, je faisais la tournée des marchands d'appareils photos. Mon préféré était Advance Camera Store, au 60 de la 46e Ouest. Je cherchais une jeune fille impressionniste au regard égaré avec un appareil autour du cou. Voilà de quoi j'avais faim. Je cherchais quelqu'un pour jouer à Trilby et Svengali[1] avec moi. (Je cherche toujours.)

Les propriétaires, Sam et Lou (les jumeaux Gold Dust), m'aidaient dans mes recherches, en retenant toutes les candidates plausibles jusqu'à mon arrivée. Je taillais aussi le bout de gras avec les vedettes de passage : Harry Belafonte, Gypsy Rose Lee, Sammy Davis Jr., Frederic March, etc. Avec tous les photographes amateurs, et aussi avec les gens qui venaient juste pour que je leur

---

1. Personnages du roman *Trilby* de George Du Maurier (1894). Dans le roman, Svengali, sorte de Pygmalion satanique, utilisant ses dons d'hypnotiseur, transforme la jeune Trilby en vedette de la chanson (mais elle ne peut se produire en son absence, hors de son influence). Svengali est passé dans le langage courant pour désigner quelqu'un qui abuse de son influence pour manipuler sa protégée.

refile des astuces de pro. Et puis retour à la maison pour dormir encore un peu.

Un soir, me réveillant vers huit heures, je décidai d'aller faire un tour pour me mettre en appétit. Je reçus un code 30 sur ma radio de la police... Une fusillade. 10 Prince Street. J'arrivai sur place avant les flics. À l'entrée d'un café italien, le corps d'un homme était écroulé. Tué par balles. C'était une belle soirée d'été ; il y avait foule sur les escaliers de secours de l'immeuble de cinq étages. Les gens avaient fini de dîner et prenaient le frais en profitant du spectacle en bas de chez eux. Certains gamins s'étaient lassés de la scène du crime et s'étaient replongés dans leurs bandes dessinées. Je pris assez de recul pour cadrer toute la scène : les inspecteurs perplexes examinant le cadavre, les gens qui les observaient sur les escaliers de secours... on aurait dit un décor de théâtre. J'utilisai trois flashes pour éclairer l'espace. Je légendai ma photo : « Fenêtre sur meurtre ». (Elle fut achetée par le *Daily News* et le *World Telegram. Life* lui consacra même une pleine page.) Après ça, j'allai prendre mon petit déj.

Un autre soir où j'avais démarré assez tôt, j'interceptai un appel de la radio pour un gros incendie dans le quartier portoricain. J'arrivai vite fait sur les lieux. Le générateur électrique pulsait comme un cœur humain, donnant vie aux projecteurs et à la lance à incendie des camions. Les gens qui avaient réussi à sortir se recomptaient entre eux, familles et voisins s'embrassaient. Je marquai le chef à la culotte. Son assistant arriva et déclara : « C'est un barbecue », ce qui voulait dire que quelqu'un avait été brûlé vif. Une mère enveloppée dans un châle serrait contre elle une de ses filles tout en fixant l'immeuble. L'incendie était terminé. Une autre de ses filles et un autre enfant en bas âge, un bébé, avaient été réduits en cendres. Bouleversées par la tragédie, elles ne quittaient pas l'immeuble des yeux, tout espoir parti en fumée. J'ai pleuré en prenant cette photo.

Ça suffisait pour la nuit. Ces vieux immeubles pourris, quels pièges à feu ! L'image de ces deux femmes en pleurs me hanterait toute ma vie. J'avais grandi dans un de ces immeubles et ils me poursuivaient. Les pompiers utilisèrent ma photo pour leur campagne de prévention. Ça a dû faire une belle jambe à la jeune mère ! Quant à son bébé brûlé vif, ça ne risquait pas de le ramener à la vie.

Photographier des gangsters s'empilant dans
le caniveau ne me dérangerait pas. À mes yeux,
c'était de l'ordre d'un projet de nettoyage des bas
quartiers et je dis, « bon débarras ! ». Mais photographier certains événements me brisait le
cœur, en particulier les tragédies familiales.

Je détestais aussi les accidents de la circula-
tion, mais contre ça, je pouvais faire quelque
chose. Il y avait un véritable piège mortel sur la
voie rapide du West Side à la hauteur de la
72ᵉ Rue. Les voitures heurtaient la barrière de
sécurité et certaines se retrouvaient dans les rues
du dessous. Je pris une série de photos d'accidents là-bas, et le journal *PM* en fit une pleine
page et commença une campagne de sensibilisation. La ville finit par installer des lumières rouges le long de la barrière de sécurité et ce fut la
fin des accidents. Je considère ce travail comme
mon testament.

Je couvrais l'agression d'un fils de Newark,
un bookmaker, sérieusement blessé et emmené à
l'hôpital. Les journaux de New York voulaient
des photos, mais la police de Newark ne laissait
aucun de nous entrer dans sa chambre. On
devait tous attendre dans le hall de l'hôpital. S'il

devait y passer, bon sang, qu'il se dépêche au moins, qu'on soit dans les temps pour le bouclage. Mais il traînait. On appela un donneur de sang professionnel. Je fis une chouette photo un peu théâtrale de lui en train de compter son argent.

Je saluai le reste de la clique et rejoignis ma voiture sur le parking. Elle était pleine de déguisements, d'uniformes et ainsi de suite. J'enfilai une blouse blanche de docteur, sans oublier le stéthoscope. Un appareil caché dans ma poche, je retournai discrètement à l'intérieur de l'hôpital par l'entrée latérale. Quand je suis arrivé dans la chambre du type, avec ma blouse blanche, personne n'a fait attention à moi. Alors je l'ai pris sous toutes les coutures. J'ai vendu le cliché sur lequel on voit les petits trous parfaits dessinés par les balles sur sa poitrine, en exclusivité à l'un des tabloïds.

J'étais content de rentrer à New York, où flics et voyous sont bien plus sociables. En passant par mon commissariat préféré, quelle n'a pas été ma surprise de découvrir que l'endroit ressemblait plus à l'atelier d'un fourreur qu'à un poste de police. Il y avait des visons dans tous les coins. Les flics avaient réussi un beau coup de filet.

Le voleur, menotté, était installé sur un fauteuil. À la minute où il m'aperçut, il se couvrit. Et du coin des lèvres, lâcha : « Je ne veux pas de photo. » Ce type était un criminel endurci. Il connaissait ses droits. Les flics ne pouvaient pas le forcer à poser pour moi. Je laissai mon appareil sur un bureau et lançai à la cantonade : « Je vais me chercher un sandwich au pastrami et un café. » En arrivant à la porte, je me retournai. Le type s'était découvert. J'appuyai sur la télécommande cachée dans ma poche et le flash se déclencha. J'avais ma photo. Quand les criminels essayaient de se cacher, c'était comme un défi pour moi. Je ne révélais pas seulement leur visage, mais aussi la noirceur de leurs âmes.

Au QG, les flics avaient attrapé une fille recherchée pour le braquage d'une bijouterie à Washington, estimé à vingt-cinq mille dollars. Elle était détenue dans une cellule du sous-sol et les gars du FBI devaient venir la chercher. Les flics étaient contents d'eux : ils avaient battu les *G Men*[1]. (La police de New York était jalouse des

---

1. *G Men* : « les hommes du gouvernement », argot de l'époque pour désigner les agents du FBI. L'expression donna son titre à un film de la Warner à la limite de la propagande pro-FBI, avec James Cagney et Ann Dvorak qui fut le plus gros succès commercial de l'année 1935.

gars du FBI qui avaient souvent recours au gaz lacrymogène et monopolisaient les gros titres de la presse. À New York, les gars utilisaient des matraques en caoutchouc, qui ne causaient pas de dommage).

Je descendis au sous-sol où ils détenaient la fille, qui, dès qu'elle me vit, dissimula son visage. « Je veux juste vous parler, madame, lui dis-je. Je ne prendrai pas votre photo sans votre permission. »

On parla. Elle voulait savoir son intérêt à me laisser la prendre en photo pour que ses amis voient sa tête en première page des journaux. Elle était loin d'être bête, même si elle s'était fait prendre. J'insistai : « Pourquoi ne pas me laisser faire. Je vous rendrai tellement *glamour* que vous finirez dans les pages people. Ça vous attirera beaucoup de compassion. À moins que vous préfériez que je fouille dans la galerie de portraits anthropométriques des flics et que je me contente de ce cliché-là, avec votre numéro de prisonnier ? » C'était des salades, mais je finis par la convaincre que poser pour moi était le moindre mal. On était dimanche soir, c'était calme, les journaux n'avaient pas grand-chose à se mettre sous la dent, je savais que ma photo était déjà vendue.

Ce n'était pas difficile de s'entendre avec les flics. J'étais leur meilleur agent de publicité. Jusqu'à ce qu'ils aient un pépin. Et là, chacun se refermait comme une huître.

Un après-midi, les flics effectuèrent une descente dans un stock de livres cochons. J'y allai avec eux, évidemment. Je n'aurais manqué ça pour rien au monde. Je bourrai l'étui de mon appareil de livres et de photos, j'en glissai même sous mon chapeau. J'avais l'intention de rattraper mon retard de lecture. (Certains flics en firent autant.) Après avoir passé quelques heures à examiner les photos, un des flics rentra chez lui dans le Bronx, dîna, et laissa entendre à sa petite madame qu'il essaierait bien une position qu'il avait découverte sur une illustration porno. Elle saisit son flingue, tira, et le tua. (Dans la vie d'un flic, le moment le plus dangereux c'est toujours celui où il rentre chez lui retrouver sa petite madame.)

Quand j'arrivai au poste de police où elle était détenue, ce furent les flics qui la couvrirent. Pas de photo ! Deux douzaines de photographes se pressaient autour d'elle mais quelqu'un tenait un grand sac noir devant son visage. Je me cachai dans le panier à salade qui devait l'emmener au tribunal. Au moment où elle y monta et se découvrit, mon flash se déclencha. Je la remerciai et filai.

J'attendais dans ma chambrette derrière le QG de la police. On frappait à ma porte et un inspecteur annonçait : « Weegee, il y a eu un meurtre ! » Je me levais et direction Moran pour un café et des cigares. Pas de panique… le cadavre n'allait pas se lever et filer. Je prenais ma voiture pour me rendre tranquillement sur les lieux.

Les pompiers, c'était une autre espèce que les flics. L'équipe de garde arrivait à minuit et allait directement se coucher. Imaginez une nuit glaciale. L'alarme retentit. Les pompiers se laissent glisser sur la rampe d'urgence. Quand ils arrivent sur place, la rue est déserte — à l'exception de votre serviteur. Ils m'attrapent, pensant que j'ai donné une fausse alerte. Très vite, ils me reconnaissent. Dans un véritable incendie, si un sauvetage avait lieu, tous les pompiers se targuaient d'en être l'auteur, parce que ça leur valait une promotion. Alors, le chef de la caserne me con-

voquait et, avec mes photos, j'apportais la preuve
de l'acte d'héroïsme et l'identité du héros.

À cette époque, les pompiers se satisfaisaient
d'être pompiers. De nos jours, ils escaladent la
grande échelle avec un bouquin de droit sous le
bras. Ils veulent tous devenir avocats, et fréquen-
tent tous l'usine à juristes de New York Univer-
sity à Greenwich Village. Incidemment, il y faisait bon vivre, dans le Village, avant que NYU
n'arrive et ne démolisse les appartements sans
eau chaude pour construire son usine à juristes.
J'ai fait faire du porte-à-porte à tous les beatniks
sans emploi avec une pétition comme quoi tous
les bâtiments de NYU devraient être détruits
pour édifier, à leur place, des appartements
modernes sans chauffe-eau. L'eau froide : la
grande bénédiction de la civilisation. Un garçon
rencontre une fille dans le Village… ils se mettent
en ménage dans un appart — mariage en
option… le loyer est de dix-sept dollars par mois,
ce qui leur laisse de quoi se payer leur gin, leur
bouffe, etc. Dans les habitations contemporai-
nes, on a une chambre de la taille d'un placard
pour cent quarante dollars par mois.

À bien y réfléchir, pendant plus de dix ans,
j'ai mené grand train en couvrant les meurtres

depuis le QG de la police de Manhattan. Je travaillais vingt-quatre heures sur vingt-quatre, sept jours par semaine, y compris les dimanches et jours fériés. Pas de semaine syndicale chez Murder, Inc., pas de pointeuse, pas de congés, pas d'allocation chômage ni de sécurité sociale — et quelle sublime production ! Chaque « boulot » était un classique, tout comme mes photos. Elles étaient publiées dans les journaux et les magazines du monde entier.

De plus en plus de meurtres avaient lieu, toujours plus effroyables les uns que les autres. Murder, Inc. Je n'oublierai jamais l'un de ces crimes. Encore un classique. La victime, vivante, est ligotée avec des cordes de piano. Plus elle essaie de se libérer, plus elle s'étrangle. Après quoi, on lui verse du kérosène dessus et on y met le feu. Une bande de types vraiment chouettes !

Si un type devait se faire ratatiner, ils envoyaient un jeune cadre de Murder, Inc., un « stagiaire », voler une voiture pour l'occasion. On gravait grossièrement le mot « glacière » sur la carrosserie, la « signature » de Murder, Inc. Je me plaignis un jour : les voitures étaient toujours des limousines noires, ça ne rendait rien avec le flash. Je fis remarquer qu'un gris clair passerait mieux, qu'alors on verrait mieux les voitures sur mes photos. Et ainsi fut fait.

Le QG de Murder, Inc. se trouvait dans un garage du quartier de Brownsville à Brooklyn — avec un espace détente pour les jeunes stagiaires, un fusil pour s'entraîner à la cible, et même un mannequin dans une voiture pour les « répétitions générales ». Le « matos » (les armes) était stocké dans un réfrigérateur. Chaque meurtre était un chef-d'œuvre, un crime parfait, portant la marque des Vieux Maîtres.

Une victime fut abandonnée dans une voiture devant un cimetière. Le corps d'une autre fut balancé d'une voiture devant une boutique de pompes funèbres. Mais mon préféré, c'est le type troué de balles déposé dans une poussette d'enfant. Et pourtant, le chef en charge de cette opération fut rétrogradé ; on retira sa plaque nominative de son bureau et il se retrouva assigné aux archives.

Une nuit, dans le bureau du *district attorney*, un des tueurs de Murder, Inc. « chantait » pour lui. Je n'ai pas le temps pour les politesses quand je suis pressé. J'entrai en trombe dans le bureau où le type, Vito Gurino, était en train d'avouer son sixième meurtre (le compte s'élevait à sept)

qui lui vaudrait la chaise électrique à Sing Sing.
Je volai une photo du type dans son fauteuil...
Ce scoop-là, je le vendis au *New York Daily News*.

Il y avait d'autres meurtres que ceux de Murder, Inc. L'un des plus impressionnants fut l'assassinat de Carlo Tresca, l'anarchiste, descendu par balles au coin de la 5ᵉ Avenue et de la 18ᵉ Rue. Il n'avait pas l'allure d'un gangster... avec sa barbichette, il ressemblait plutôt à un prof de fac. Même les flics en restèrent comme deux ronds de flan. Mais lui, c'était politique.

« Mad Dog » Vincent Coll se fit dézinguer à la mitraillette dans la cabine téléphonique d'un drugstore, un dimanche soir, alors qu'il était déguisé en étudiant de bonne famille, coupe de cheveux, chapeau et grosses lunettes inclus. (De quoi dégoûter plusieurs générations des études supérieures.)

À force de travailler depuis le poste de police, ma deuxième maison, je finissais par bien connaître tout le monde. Quand les flics avaient envie d'une petite sieste au calme, je leur prêtais mon studio. Parfois, ils oubliaient leur arme chez eux, et c'était moi qui traversais la ville pour leur rendre service. D'autres fois, je les accompagnais sur les lieux du crime.

Il arrivait même, quand il manquait quelqu'un pour la parade d'identification des suspects, que je rejoigne le groupe de figurants. Un jour, un témoin m'a désigné ! J'ai braillé : « Eh ! je photographie les meurtres, moi, je ne les commets pas ! »

Ma relation avec « Dutch » Schultz commença après une fusillade à l'aube du côté de la 5ᵉ Avenue. Pas de blessé. On était sur le territoire où il écoulait sa bière améliorée prohibée (bière sans alcool + alcool pur ajouté), les gars devaient simplement s'entraîner à tirer en plein air. Les inspecteurs ont embarqué Dutch Schultz et l'ont amené au poste pour une petite conversation amicale. Je l'ai trouvé un peu nerveux, il m'a demandé de lui dégoter de l'aspirine. Il m'avait l'air d'un imbécile, mais il avait dix-huit mille cinq cents dollars en poche, ce qui rendait les flics sous-payés un brin jaloux.

Aux yeux des gangsters, mon appareil était une arme mortelle. Une fois que je les avais eus vivants, je me devais de ne pas les louper quand ils se feraient descendre. Ils finissaient générale-ment dans le caniveau, la tête vers les étoiles, en costume noir, souliers vernis et chapeau gris perle… une touche à se damner. La mort n'était

pas officielle tant que je n'avais pas pris la dernière photo, et j'essayais toujours d'en faire une
œuvre d'art.

Quand je n'étais pas dans ma voiture tout
équipée, je patientais au QG de Centre Street.
J'avais mon fauteuil préféré juste à côté de
l'ascenseur, et n'étais jamais à court de cigares.
Un petit coup de barre, et je battais en retraite
dans le bureau des personnes disparues pour
piquer un roupillon, en laissant pour instruction
à l'agent de permanence de ne pas me déranger à
moins qu'un gros truc ne tombe sur le téléscripteur. C'était comme le room service dans un
hôtel de luxe.

Il y avait au moins un meurtre par nuit. En
dix ans, j'ai bien dû en couvrir cinq mille. Certains m'ont marqué à jamais… Comme le type
arrêté pour avoir poignardé une blonde dans une
chambre d'hôtel après qu'elle lui avait chouré
quatre cents dollars… Mais ce qui rendait
l'affaire exceptionnelle, c'est que cet homme
était aveugle (une *blind-date*, sans doute !). Et
puis aussi le nain qui s'était fait prendre et arrêter pour avoir vendu des illustrations pornos… Il
se vantait de ses conquêtes féminines. Sans
oublier le jeune type aux allures de cheikh,

habillé à la dernière mode, arrêté pour vol de bijoux. Quand les inspecteurs étalèrent le butin récupéré, estimé à quelque cent mille dollars, ils postèrent le voleur devant le tas. Mais il plaida pour que je ne fasse pas la photo : cela briserait le cœur de sa pauvre maman. Je lui répondis qu'il aurait dû penser à sa mère avant de se lancer dans la carrière et lui déclenchai mon flash en pleine figure.

En repensant aux années Murder, Inc., je me rends compte que j'y ai laissé dix appareils et cinq voitures, ainsi que vingt cigares et autant de cafés par nuit. Pour moi, le crime avait payé, et plutôt grassement. Mais pour les voyous, le crime ne payait pas… Qui voudrait finir dans le caniveau, la cervelle répandue sur le trottoir ?

Enfin, j'avais pris les célèbres images d'une époque violente, images que tous les grands journaux, malgré leurs ressources, n'arrivaient pas à obtenir et finissaient par devoir m'acheter. En prenant ces photos, c'est l'âme de la ville que j'ai rencontrée et aimée, que j'ai photographiée.

6

Chez les nudistes

Un été, l'ennui planait sur les QG de la police. Je me plongeai dans un bouquin sur les nudistes. Étant d'un naturel curieux, je décidai immédiatement de devenir nudiste à mon tour. J'achetai un magazine spécialisé, jetai un œil aux photos, et tombai sur une annonce ainsi formulée : « Cherche nudistes respectables pour former un groupe. » J'estimai que je ferais l'affaire.

Je me rendis à l'adresse indiquée. C'était un bureau sur la 42ᵉ Ouest. La fille à l'accueil me tendit un formulaire d'inscription à remplir : nom, adresse, profession, hobbies, etc. Quand j'eus fini, elle se mit à le lire attentivement. En découvrant que j'étais photographe, elle dit que j'étais *exactement* ce que le groupe cherchait. Ils voulaient quelqu'un pour faire des photos de promotion pour les magazines de nudistes et pour les afficher dans le bureau, histoire d'impressionner les nouveaux membres potentiels. On me proposa de devenir le photographe officiel du camp, ce qui signifiait que je devenais automatiquement membre, logé, nourri, et le tout gratuitement. J'acceptai. On me demanda de me présenter au bureau tôt le samedi matin pour le départ vers le camp, qui se trouvait dans le New Jersey. Les camps de nudistes étaient interdits à New York.

Le samedi matin, une voiture nous attendait. Impatient comme tout, je montai avec les autres. La voiture était pleine, mais ça ne me dérangeait pas. Par habitude, je commençai à déshabiller les filles mentalement. Après deux heures de route, nous arrivâmes devant une propriété privée gardée par un portail en fer. L'un des membres descendit de voiture et se dirigea vers une cabine téléphonique à l'entrée de la propriété. De l'autre côté, quelqu'un apparut pour nous ouvrir. Nous entrâmes.

L'endroit se trouvait à côté d'un asile de fous, je n'avais rien contre. Tandis que la voiture pénétrait dans la propriété, et que je commençais à apercevoir les membres en goguette, ma vue se brouilla. La voiture se transforma en vestiaire :

tout le monde se déshabilla. Je fis comme les autres.

C'était l'heure du déjeuner. Les cuisiniers, les serveurs, les serveuses, tout le monde était nu. On s'installa dehors, sur des tables de pique-nique, et on déjeuna frugalement, essentiellement de fruits et légumes. Ces gens étaient vraiment des accros de la vie saine, végétariens jusqu'au bout des ongles. Quelques membres aidaient à faire la vaisselle. Je n'osai pas me lever.

Le cœur du camp, c'était la piscine. La plupart des membres jouaient aussi au volley. (Mon truc à moi, c'est plutôt le sport en chambre.) Nous étions samedi soir, il y avait donc cinéma au foyer. Des films nudistes tournés dans d'autres camps et des Charlie Chaplin. On pouvait aussi danser. Tenue de soirée : shorts pour les garçons, et... shorts pour les filles (sans rien en haut).

Au coucher, nous nous dirigeâmes tous vers le gymnase, un grand bâtiment qui contenait environ cinquante lits... Des doubles pour les couples mariés et les amis platoniques, des une place pour les célibataires. L'extinction des feux ne tarda pas.

Le dimanche, je fus assailli par les membres qui réclamaient mon aide pour installer leurs appareils, charger leur pellicule, etc. Mon étui était bien pratique pour porter mes cigares et mes allumettes, mais où épingler mon badge ? (J'ai pensé me le tatouer sur la poitrine.)

Un couple devait se marier dans l'après-midi, et ils me demandèrent de couvrir leur mariage, pour qu'ils puissent montrer des images à leurs parents et amis. La mariée, le marié, les demoiselles d'honneurs, le prêtre, les témoins..., tout le monde était nu. Les mariés faisaient un très joli couple. Et je peux témoigner qu'elle était une vraie blonde. Le marié était un acteur à la Brando, formé à l'Actor's Studio. (Il bénéficiait déjà d'un public captif parmi la communauté nudiste pour ses grommellements). Les demoiselles d'honneur n'avaient nulle part où accrocher leurs orchidées, alors elles se servaient d'un petit morceau de scotch pour les fixer à leur poitrine. Un phonographe diffusait de la musique à travers de puissants haut-parleurs. La cérémonie fut brève et concise, et le jeune couple disparut rapidement pour une petite lune de miel.

Je m'installai dans une routine cet été-là : la semaine, j'étais dans les postes de police de la ville, les week-ends, au camp nudiste. Je fis dire aux « gars » de se calmer un peu sur les fusillades, les meurtres, les attaques à main armée et les cambriolages en fin de semaine, sauf nécessité expresse. S'ils ne pouvaient absolument pas les éviter, je leur avais demandé d'essayer de faire ça le plus près possible du George Washington Bridge, histoire d'arriver sur place au plus vite.

Tout le monde semblait avoir son appareil photo. Rapidement, il y eut tellement de photographes dans le camp que j'installai une tente comme celle de Matthew Brady, le photographe de la guerre de Sécession. J'ouvris même un club. Celui-ci avait un sacré avantage sur ceux de New York.

J'étais passé des cadavres refroidis des gangsters aux corps chauds et bronzés des nudistes et ne manquais pas de modèles. Je faisais mon retour à la nature, un primitif avec un appareil photo, comme Grandma Moses[1]. J'installai une pancarte : « École de photo primitive Weegee ».

---

1. Anna Mary Robertson Moses (1860-1961), mieux connue sous le nom de Grandma Moses, fut une très célèbre artiste peintre « folk » dont les œuvres ornent encore nombre de cartes de vœux Hallmark. Elle connut la gloire à soixante-dix ans et est souvent citée comme un exemple de carrière tardive.

Mon travail photographique m'occupait entièrement. Je développais tous les clichés des nudistes parce que les studios ne leur renvoyaient jamais leurs pellicules, et il y avait toujours un risque qu'elles tombent entre les mains de « profanes ».

Au rythme des nouvelles rencontres, les mariages se succédaient. J'ai aussi photographié des fêtes d'enfants, des « boums » pour ados, des Bar Mitzvah et ainsi de suite. Les nudistes sont très attachés aux valeurs familiales et dans chaque camp, tout le monde venait toujours ensemble : maris, femmes, enfants. Une chouette bande, très accueillante. Les amitiés se nouaient, on se rendait visite.

L'hiver finit par arriver. Plus de camp nudiste. Je repris l'habitude des week-ends au QG. Les nudistes continuaient à se retrouver dans une piscine fermée, au coin de Broadway et de la 96e. J'y passais souvent : ça faisait patienter jusqu'à l'été suivant.

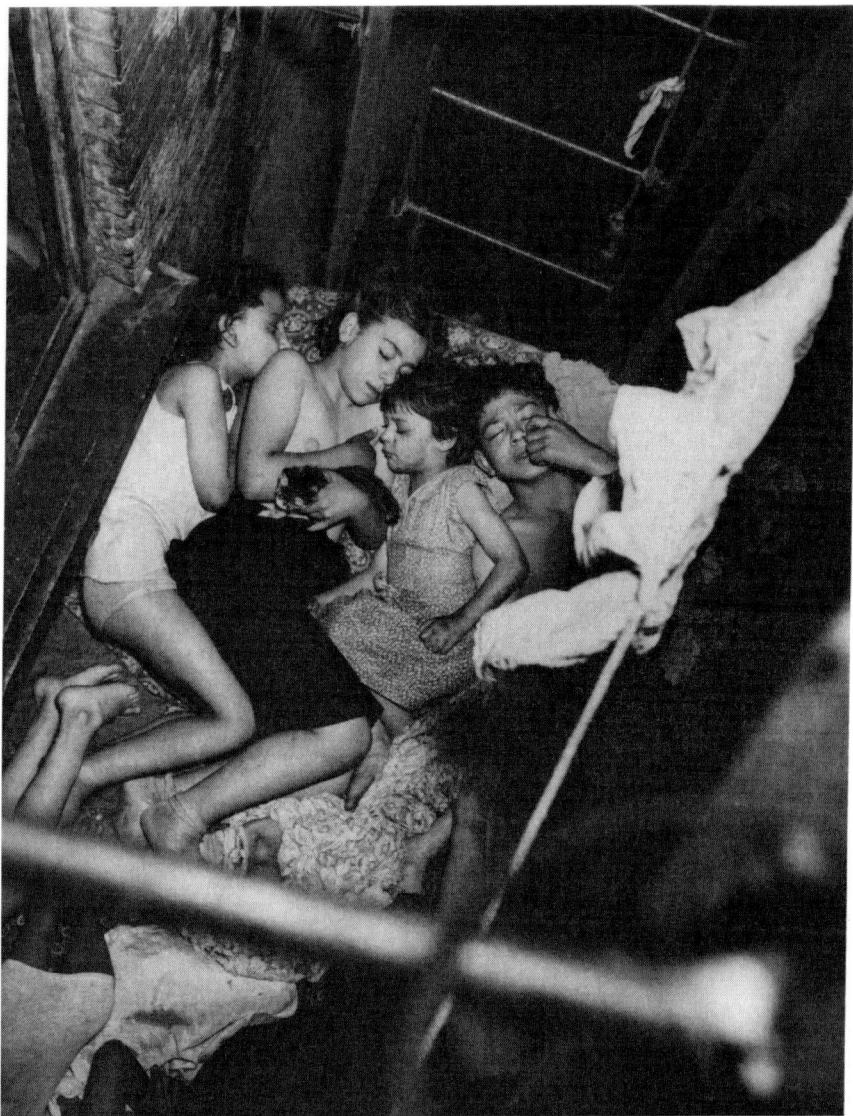

Le logis sur le toit.

Le Polaroid, roi de la caricature.

Herald Square.

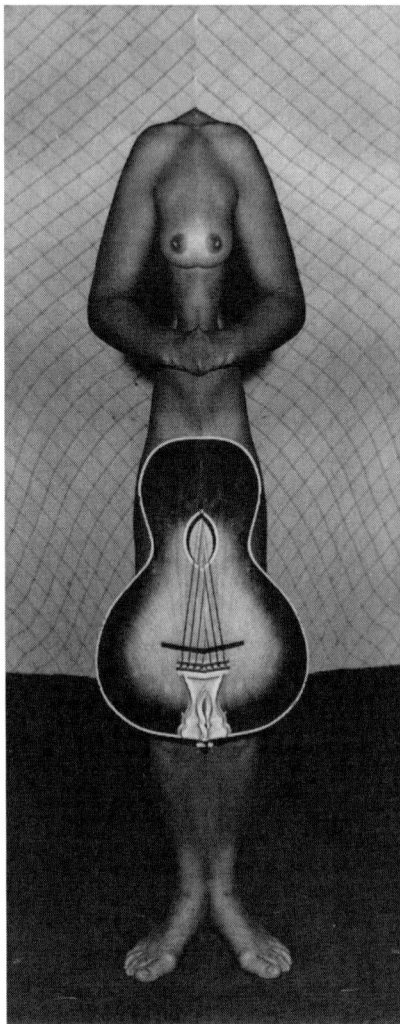

Chantons tous un air.

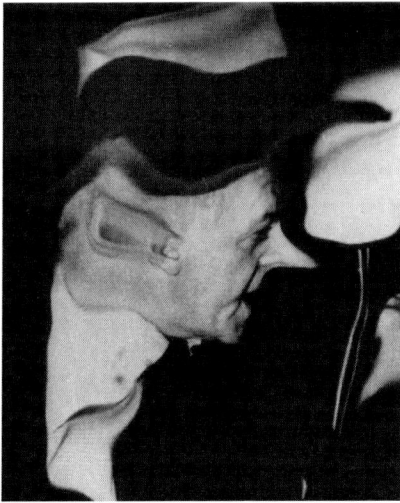
Winchell. Du nez pour les nouvelles.

Marilyn. Tout le monde la connaît.

Ed Sullivan sourit.

Le seul et unique Jack Paar.

"JFK".

La Femme que j'aime.

"Monsieur K".

"La Tour, prends garde."

Charles de Gaulle.

La tour Eiffel.

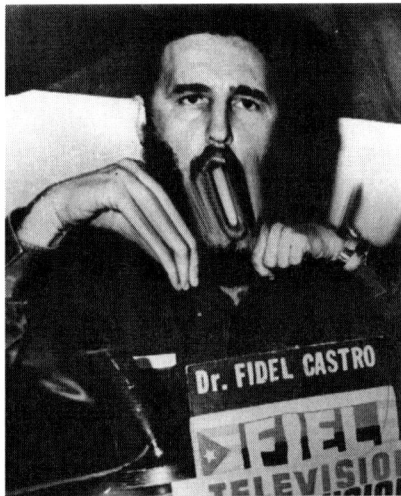
Par un soir enchanté...

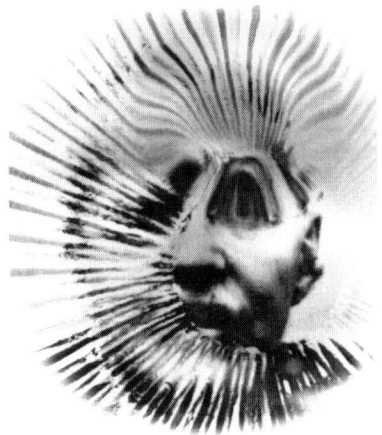
... il rencontre un étranger.
(Allen C. Dulles, détective privé.)

Picasso, le Maître.

La période Mont-de-Piété.

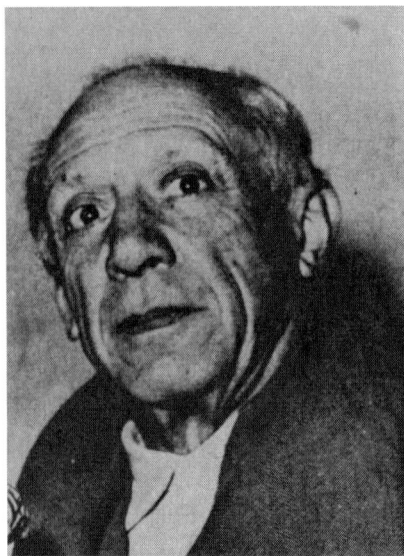

Picasso, toujours le Maître.

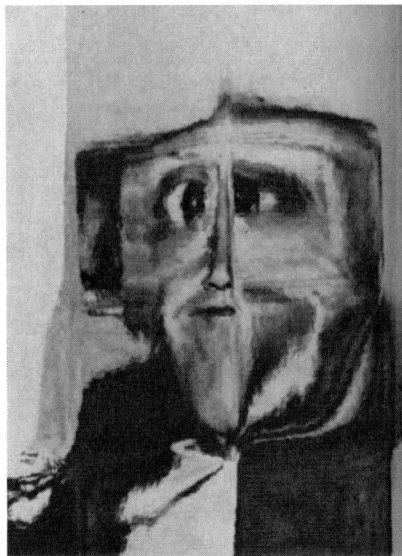

La période Monstre.

La période Weegee.

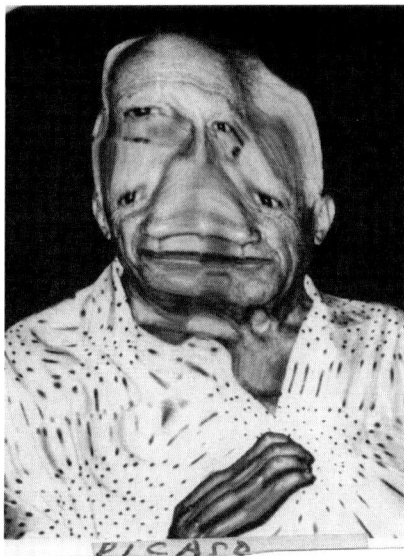

La période Musée art moderne.

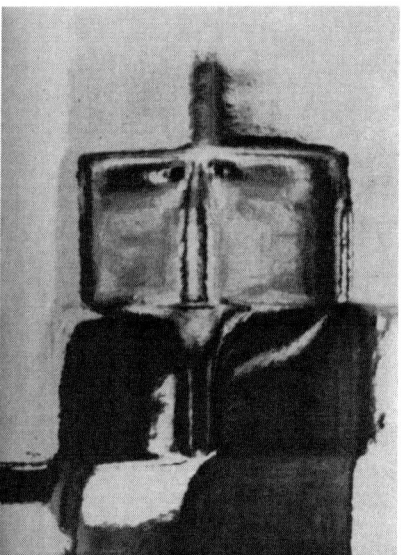

Présentez-moi votre chef.

Qui suis-je ?

Telle que Picasso
l'a peinte.

Après mon
intervention.

7

Naked City

Au printemps 1944, le Musée d'art moderne m'invita à donner une conférence. J'acceptai. Après la conférence, beaucoup de gens sont venus me dire que je devrais faire un livre. Cela ne m'avait jamais traversé l'esprit, mais c'était une bonne idée. Je réunis mes meilleures photos en presque dix ans de travail, et commençai ma tournée des éditeurs.

Quand je leur montrais mes œuvres, la surprise envahissait leurs visages. « Et le marin dans la barque à Central Park ? — Et la statue de la Liberté ? — Et le marché aux poissons de Fulton ? » Ils réclamaient tous l'intégrale des clichés de New York.

La première fois que j'entendis la question, je crus être tombé sur un fou, mais l'éditeur suivant me demanda la même chose : « Et le marin dans la barque à Central Park ? » Et ainsi de suite. J'en conclus que tous les éditeurs étaient intellectuellement constipés.

Quelqu'un me suggéra Duell, Sloan & Pearce, une jeune maison supposée s'intéresser aux nouveaux auteurs, aux démarches audacieuses. Je leur déposai mes photos pour qu'ils puissent y jeter un œil. Pour moi, une photo c'est comme un *blintz* : à consommer pendant que c'est chaud ! Mais ils prirent leur temps. Au bout de six mois, je repassai et leur dis : « Bon alors, quand est-ce que vous allez publier mon livre ?

— Quel livre ?

— Vous vous souvenez, j'ai laissé mes photos.

— Des photos, quelles photos ?

— À vous de vous souvenir.

— Oh oui ! c'est vrai, où ont-elles bien pu se fourrer ? »

Ils finirent par les retrouver dans les toilettes des dames. Je les récupérai et entamai une nouvelle tournée. Je me heurtai à nouveau aux mêmes questions, mais je ne me voyais pas prendre une photo du marin sur sa barque un dimanche après-midi. Le dimanche, c'est fait pour dormir.

Je réorganisai une présentation de mes plus belles photos : incendies, meurtres, et tout le toutim et retournai chez Duell, Sloan & Pearce. Ils hésitèrent. Publier le livre allait leur coûter dix mille dollars et les éditeurs n'aiment pas prendre de risques. Il en fallait plus pour m'arrêter. Je menais une sainte croisade. Je décidai que tout ne dépendait que d'un seul homme, Frank Henry, le responsable des livres de non-fiction. Je montai une véritable campagne pour obtenir son « oui ».

Dès que je posais le pied dans son bureau, son téléphone se mettait à sonner. On laissait sonner. Je lui disais : « Écoute, Frank, tu ne peux pas parler affaires dans un bureau, allons de l'autre côté de la rue, aux Champs-Élysées » (un *bistro* chic). Cela prit quand même des mois. J'invitais Frank à boire des coups et nous parlions de mon livre qui avait désormais un titre : *Naked City.*

Le miracle se produisit. Le livre fut publié. Il avait fallu une césarienne, mais *Naked City* était né. J'eus des critiques dithyrambiques dans le *New York Times,* le *Herald Tribune, Time* et *Newsweek. Time* fit preuve d'une grande classe : ils consacrèrent au livre une demi-page illustrée avec une critique. Pas comme *Newsweek* qui, au lieu de critiquer le livre, critiqua Weegee. C'était méchant, mais drôle. Entre autres choses, ils disaient : «Weegee est nudiste. Quand on l'a vu habillé, c'est un grand progrès. »

Évidemment, quand un livre sort, il faut organiser un cocktail. La tradition est de louer un salon ou une suite dans un hôtel et de servir beaucoup d'alcool. Tous les pique-assiette se pointent. Les critiques n'ont jamais le temps de venir : ils sont soit chez eux en train d'écrire leur propre livre, soit dehors, en train de vendre leurs exemplaires de services de presse. Quand l'éditeur proposa d'organiser un cocktail pour *Naked City* je répondis : « Écoutez, il y en a treize à la douzaine, faisons quelque chose de différent. Il y a un *saloon* à Bowery, chez Sammy. » Ainsi fut fait. Tout le monde vint. Sammy acheta pour cent dollars de livres, la bouffe et l'alcool étaient offerts, et ce fut une soirée sensationnelle.

Quand vous sortez un livre, vous devez répondre à plein d'interviews. En 1945, la première se devait d'être avec Mary Margaret McBride, sur NBC. Si vous ne commenciez pas par son émission, vous étiez foutu. Pour moi, Miss McBride fit quelque chose de tout à fait inédit à l'époque. Elle avait l'intention de partir en vacances, si bien qu'elle enregistra notre entretien. (Elle était adorable.) Le lendemain, je me baladais en voiture, j'allume ma radio et c'était ma voix qui parlait sur les ondes.

Une fois que vous étiez passé chez Mary Margaret McBride, la tournée complète s'ouvrait à vous, on vous invitait dans toutes les émissions. Je ne m'en privai pas. J'allais faire le nécessaire pour que personne n'ignore l'existence de Weegee et la parution de *Naked City*. Parmi les émissions, il y avait celle de Margaret Arlen sur CBS. L'idée qu'ils avaient d'une interview improvisée, à CBS, était de vous faire répéter jusqu'à ce que vous deveniez tout bleu, avant de vous offrir une manucure, un rasage et une coupe de cheveux. À la vérité, ils tentèrent même d'améliorer mon anglais (qu'est-ce qu'il a, mon anglais ?).

Une de mes dernières interviews eut lieu sur la station intello préférée des New-Yorkais, WQXR. (Les auditeurs de cette station lisaient le *New York Post,* fumaient des cigarettes filtre, et écoutaient de la guitare.) Avant que je passe à l'antenne, la présentatrice me prévint : « Juste deux choses, monsieur Weegee : pas de blasphème, et pas de complot pour renverser le gouvernement. » Je lui dis : « Ravi de vous rencontrer, très chère. Entre nous, donnez-moi votre numéro de téléphone que je puisse vous retirer de ma *mailing list.* » Je commençais à avoir ma petite réputation.

Le *New Yorker* me consacra un portrait. Ils envoyèrent Joe Mitchell. Quand le *New Yorker* réalise un portrait, ils ne font pas semblant. Ce Joe Mitchell, il s'impliqua à fond, c'est tout juste s'il ne vint pas s'installer chez moi. (Je pense qu'il espérait vraiment que ça arrive, mais il n'y avait pas de place dans ma chambrette derrière le QG de la police.) Ce type ne se trimballait pas seulement avec un crayon et un bloc-notes. Il avait une machine à rayon X greffée dans le cerveau. On se vit tellement, que j'en vins à le connaître aussi bien que l'inverse. Peut-être même mieux.

PM me demanda de faire un portrait de Joe Mitchell… et je le fis. J'ai tiré le portrait du portraitiste. Un prêté pour un rendu, comme qui dirait.

Naked City fut un best-seller. On me compara à Shakespeare, O. Henry, Hemingway, Dostoïevski, Tolstoï, et même à Weegee ! Le livre se vendait tellement vite que l'éditeur dut envoyer des exemplaires en urgence chez Macy's par taxi. La librairie Scribner's, sur la 5ᵉ Avenue, en remplit sa vitrine. Il avait fallu parlementer. Je leur avais dit : « Écoutez, cela va vous amener des gens qui n'ont jamais mis les pieds dans une librairie. » Ils avaient répondu : « Nous ne voulons pas de ce genre de clients. »

Le Musée d'art moderne m'offrit une grosse exposition. Du jour au lendemain, je faisais sensation. Le succès me monta à la tête (et à l'appareil photo). Mes prix bondirent de cinq à cinq cents dollars le cliché. Je passai des criminels les plus recherchés aux membres de la *jet-set*. Je me mis à couvrir les fêtes de la haute et la mode pour *Vogue*, signai des reportages pour *Life*, des portraits de capitaines d'industrie pour *Fortune*, et d'ados pour *Seventeen*. Tout ça en plus de mon travail habituel pour Acme, *PM* et les autres journaux.

Depuis que j'avais quitté mon boulot chez eux en 1935, je continuais à travailler pour Acme en free-lance. Je suis entré chez *PM* en 1940. Quand le bruit a couru qu'un journal comme *PM* était en train de se monter, tous les journalistes et les photographes du pays ont essayé de se faire embaucher dans l'équipe. Pas moi. S'ils me voulaient, ils savaient où me trouver. De fait, environ un mois avant le lancement de la publication, j'eus un rendez-vous avec le rédac-chef. Il me dit : «Weegee, tu fais un boulot formidable. Je compte sur toi pour m'apporter tes photos, sans faute.» Je répondis : « Donnez-moi une garantie, et l'affaire est faite.» Résultat, je me suis retrouvé en mission tacite pour *PM* pendant les quatre années et demie qui ont suivi. Je choisissais mes sujets. Quand j'en tenais un bon, je le leur apportais. De leur côté, il leur suffisait de m'adresser mon chèque hebdomadaire de soixante-quinze dollars.

Parfois, ils ne me voyaient pas pendant des semaines. Tout allait bien, mon chèque tombait fidèlement. Quand je finissais par me montrer dans leurs bureaux de Brooklyn, ils m'accueillaient d'un : « Bienvenue à la maison, Weegee ! T'étais où, en vacances ? » Je répondais : « Écoutez, qu'est-ce que vous attendez de moi ? Que je les *commette,* les meurtres ? »

Une des raisons de l'échec de *PM,* c'est que le journal était en avance sur son époque. Il n'y avait pas autant d'intellos qu'aujourd'hui. Toutes les âmes perdues lisaient le *PM* et ne juraient que par lui. On pouvait reconnaître ses lecteurs au premier coup d'œil. Ils avaient l'air de venir d'une autre planète, dans l'attente de quelqu'un qui les emmène à la rencontre de leur leader… nul autre que le *PM* lui-même.

Une fois par an, *Vogue* découvre un génie. En 1945, quand *Naked City* est sorti, c'était mon tour. M'habituer au luxe de la maison me prit un certain temps. Leurs bureaux fourmillaient de filles sublimes… aux airs si sérieux, aux regards si glaçants que j'avais l'impression d'être un insecte rampant surgi de sous un rocher. Elles allaient avec le mobilier, brillant et dur, pas la moindre rayure.

Je n'ai jamais pu me faire à ces mannequins, peut-être parce qu'elles-mêmes n'étaient pas habituées à être ce qu'elles étaient devenues. Elles étaient irréelles à leurs propres yeux ; elles enfilaient leurs visages en même temps que leurs tenues. J'aurais autant aimé faire ami-ami avec les mannequins en plâtre des vitrines de Saks sur la 5ᵉ Avenue.

Les vraies gens de la haute n'étaient pas comme ces mannequins. Pour le coup, le monde

dans lequel ils vivaient était réel — et leur appartenait, comme leurs vêtements, leurs bijoux,
leurs palaces et les domestiques qui épousse-
taient leurs canapés Louis XIV.

Un jour, une rédac-chef d'un de ces magazines pour dames me dit :

« Weegee, trouvez-vous un smoking. J'ai fait
mes calculs, continua-t-elle, la voix traînante
mais pleine de distinction. On vous a refusé
l'entrée à trois bals des débutantes, sept soirées
caritatives, deux thés dansants, quatre bals et
huit premières à l'opéra. Pourquoi ? Parce que
les gens vous prennent pour un mendiant ! Vous
donnez une très mauvaise image du magazine.

— Je finis toujours par me faufiler, m'excusai-
je.

— Nos photographes se doivent d'entrer par
la grande porte, insista-t-elle. À la première de
Rigoletto la semaine prochaine, je veux vous voir
en smoking ! »

Je partis m'acheter un smoking. On était toujours en guerre, une époque de pénurie. J'attrapai des ampoules à force d'écluser les magasins
et les rayons de vêtements pour homme des
grands magasins. Finalement, un vendeur me
parla d'une maison de couture qui louait des

smokings. J'y fonçai. Les doublures étaient usées jusqu'à la corde et rongées par l'humidité, mais l'extérieur faisait illusion. Le vendeur me proposa d'ouvrir un crédit et de louer un smoking pour trois dollars la soirée, ou d'en acheter un à trente-cinq dollars cash. (Je me dis que je supporterais mieux un trou de trente-cinq dollars que l'examen trop attentif de mon passé financier.) Je choisis le moins attaqué par la moisissure. Il m'offrit la chemise, le nœud papillon et les boutons de manchettes pour le même prix.

Je me changeai aussitôt. C'était la fin de la matinée d'une chaude journée d'octobre mais j'avais trop hâte de montrer à mes amis du poste de police que Weegee était vraiment *in* et qu'il irait loin.

Je dis aux flics :

« Alors les gars, je vous plais ? »

Ils me jetèrent un coup d'œil et un :

« Hé ! depuis quand porte-t-on des chaussures marron avec un smoking ?

— C'est quoi le problème avec les chaussures marron ? demandai-je.

— Ça ne se fait pas… cette saison. »

Je me précipitai donc dans le magasin Thom McAn le plus proche et m'achetai une paire de chaussures noires à trois dollars cinquante, sur ma note de frais. J'étais enfin prêt pour mon entrée dans le grand monde.

Quand j'arrivai au Met ce soir-là, je me rendis compte que j'étais le seul à porter un smoking vert bouteille. Quatre différents messieurs me demandèrent si c'était la toute dernière mode. « Oui, oui », leur répondis-je sans me démonter. Du coup, à la fête suivante, je repérai plusieurs smokings vert bouteille flambant neufs.

Quand je ramenai mes photos au bureau, la rédac-chef, qui balançait toutes les images sauf celles des membres reconnus du carnet mondain, remarqua soudain mon nouveau smoking. « Quelle jolie couleur ! dit-elle. Il me faut l'adresse de votre tailleur pour mon mari, monsieur Weegee. » J'étais content que ça lui plaise. Je n'eus pas le cœur de lui avouer que c'était désormais mon seul costume digne de ce nom et que je le portais tous les jours pour aller bosser.

Un de mes premiers sujets pour *Vogue* fut une exposition de l'artiste abstrait Stuart Davis au Musée d'art moderne. Mon approche de l'art abstrait était de le rendre… concret. Pas de chichi. *Vogue* aima ; ils m'ont toujours laissé faire les choses à ma façon, et ne m'ont jamais dit quoi

photographier. Ils se contentaient de me décon-
seiller de passer par les issues de secours ou de
casser des vitres.

Ils me dirent aussi de ne pas m'en faire pour
les noms... ils reconnaîtraient les gens qui comptaient. J'appliquais les mêmes méthodes que
pour les faits divers. Le même appareil, tout
pareil, qu'il s'agisse d'un meurtre, d'un pickpoc-
ket ou d'un bal de la haute.

Une fois, *Vogue* m'envoya couvrir une fête
importante au St. Regis. Il y aurait deux filles
pour m'assister et je devais me présenter à dix
heures. J'avais eu une grosse journée au QG et
m'étais endormi en rentrant chez moi, ne me
réveillant pas avant onze heures. En descendant,
je découvris que ma voiture avait un pneu crevé.
Le temps que je m'organise, il était minuit.

Quand j'arrivai au St. Regis, l'endroit était
désert. Je demandai au portier : « Où est passé
tout le monde ? » et il répondit : « Tout le monde
est parti ! »

Je décidai que j'avais intérêt à leur présenter
quelque chose et y passai deux jours. Quand je
revins au bureau de *Vogue,* je n'avais que des photos de chiens chics arrivant à l'hôtel. Sans me
démonter, j'expliquai à Alex Lieberman, le direc-

teur artistique, que j'avais obtenu les numéros de chambre des clebs, mais pas leurs noms. (Étonnamment, je ne fus pas viré.)

Une autre fois, *Vogue* voulut que je photographie la danseuse Alicia Markova au Metropolitan. Problème. Le syndicat des techniciens de l'opéra s'était élevé contre les séances de photos sur le plateau. Pour être autorisé à poser un pied sur scène, il fallait leur verser quatre cent cinquante dollars. Je m'étais déjà frotté à ce problème une semaine auparavant, quand *Vogue* m'avait demandé de photographier un ténor suédois pendant les répétitions. Quatre cent cinquante dollars le ténor suédois, pas question j'avais dit. Un rossignol, peut-être, un Elvis Presley, à la rigueur, mais sûrement pas un ténor suédois !

Et voilà que j'étais de retour au Met pour photographier Markova. Le syndicat annonça : « Pas de photo ! » Cette fois, je me contentai de les ignorer et pris toutes les photos que je voulais. Je photographiai même la danseuse affalée dans un fauteuil dans sa loge.

Le soir du spectacle, je repassai. Je voulais une photo de ballettomane endormi dans une loge… ça aurait été chouette, mais je voulais que ce soit une *vraie* photo. Je repérai Greer Garson. Elle était sur le point de s'endormir, mais elle se redressa quand elle me vit, et dit :

« S'il vous plaît, ne me prenez pas, je suis très fatiguée.

— Bien sûr, Miss Garson », dis-je. Et je respectai son désir.

Au bout d'un certain temps, *Vogue* me confia ma première séance de mode. La seule chose que je savais sur la mode — à part les camps nudistes — c'est qu'une fille qui veut s'habiller pour une fête va en général s'acheter une robe chez Klein. Cinq jours plus tard, elle débarrasse la robe des taches de bière avec du tétrachlorure de carbone, elle la rapporte et se fait rembourser. Un *shooting* de mode pour *Vogue*, c'était pas de la gnognotte. J'emmenai mon mannequin au *delicatessen* de Sussman Volk sur Delancey Street. Après quelques sandwiches et un bon thé au citron bien chaud (trois cuillères de sucre s'il vous plaît), je la fis poser sur fond de salamis, saucissons, saucisses et autres assortiments de charcuteries, et la mitraillai.

D'habitude, les photos de mode, c'est plutôt grands escaliers en marbre et colonnes grecques. Pas mon style. En vérité, dans mes photos, le point focal était le salami. En livrant le sujet à *Vogue*, j'étais assez convaincu qu'après mes chiens, cette fois, c'en était fini de moi. Mais *Vogue* adora : « Ah ben ! voilà ! Maintenant on arrive à quelque chose ! » Quand je reçus mon chèque pour cette image, la facture était rédigée ainsi :

« Une photographie 10″ × 18″ : 2 $. Taxes : 6 *cents*. Imagination : 200 $, pas de taxe. »

En résumé : rester soi-même paie.

Pendant les fêtes qui célébraient la fin de la guerre, je fis une petite virée à Little Italy, sur Mulberry Street. Une bande de gamins jouaient comme des fous dans la sciure d'une ruelle. Ils avaient versé du kérosène sur la sciure et y avaient foutu le feu. Photo parfaite pour *Vogue* ! Je n'avais pas mon trépied avec moi, alors je posai mon appareil sur une poubelle. Tandis que les flammes montaient, je demandai aux gamins de faire des grands signes pour que la photo soit pleine d'action. Elle plut beaucoup à *Vogue*.

Naked City ne m'apporta pas seulement un tas d'interviews et de boulots pour des magazines à la mode. On peut dire que le livre donna naissance à un nouveau Weegee. Désormais, tout le

monde m'avait accompagné au moins une fois
dans mes virées nocturnes au son de la radio de
la police, à la recherche d'un meurtre ou d'une
quelconque catastrophe.

Un soir, lors d'une fête, je rencontrai une
femme qui voulut m'accompagner. Je l'emmenai
et nous tournâmes toute la nuit. Le matin, alors
que j'étais prêt à rentrer chez moi, je lui
demandai : « Fanny comment ? » C'était Fanny
Hurst[1].

Certains soirs, il ne se passait rien, et mon
invité était déçu. Je lui disais alors : « Désolé très
cher, je ne peux pas *commander* un meurtre pour
vos beaux yeux. Peut-être une autre fois ? »

L'époque des passes à deux dollars était derrière moi. Il y avait désormais des femmes prêtes
à coucher avec moi pour le plaisir. (Elles voulaient savoir ce qu'un génie valait au lit.) Tout ça
était formidable, mais certaines de mes adresses
préférées de l'East Side me manquaient. L'une
d'entre elles, en particulier, tenue par un type du
nom de Benny, petit roi des maquereaux du

---

1. Fanny Hurst (1889-1968), romancière américaine aux
visées féministes dont l'œuvre est aujourd'hui quelque peu
oubliée mais qui connut un grand succès de son vivant.

quartier. Sa maison était sur Attorney Street,
juste derrière le poste de Clinton Street. Son
adorable petite maman grisonnante et son père
qui arborait une belle et respectable barbe grise
tenaient leur propre petit commerce... un
Kosher Kat. Une affaire de famille, si l'on peut
dire, transmise de génération en génération.

Je n'avais toujours pas le téléphone chez moi.
Je l'ai déjà précisé : si on voulait me joindre, il
suffisait de m'envoyer un télégramme ou un inspecteur du commissariat d'en bas. Quelques
mois après la parution de *Naked City,* c'est ce qui
arriva. Un flic frappa à ma porte. Il travaillait
pour la Cities Service Oil Company, qui voulait
me proposer de faire des photos. Fiers de leurs
filles d'ascenseur, ils voulaient une campagne de
pub autour d'elles. Ils demandèrent mon prix.
« Cinq cents dollars », annonçai-je. C'était un
peu plus que ce à quoi ils s'attendaient mais ils
acceptèrent. Ensuite seulement, je posai mes
conditions.

Je leur expliquai que, parce que j'étais pris au
poste de police toute la journée, je ne viendrais
que vers 16 h 30, et qu'il me fallait une place de
parking réservée. Ça ne posait pas de problème.
Quand je me pointai pour faire mes images,

j'examinai les ascenseurs et les filles. Les filles étaient vraiment canon.

Je dis : « J'ai la photo idéale. Prenez ces filles, mettez-les en bikini, et laissez-les s'amuser dans le gymnase. Ça, c'est de la pub. » Ils répondirent : « Oh non ! Le gymnase est réservé aux cadres. » J'ai dû trouver autre chose.

À la fin de la séance, j'en avais marre. Je voulais retourner au QG. Mais ils me piégèrent. « Maintenant, monsieur Weegee, nous voudrions que vous preniez nos cadres en photo. » Les cadres, c'est pas ma tasse de thé, je décidai de bâcler. Je fis le tour des bureaux en suivant la liste de noms qu'ils m'avaient fournie, et, quelle que soit la position dans laquelle je les surprenais, endormis ou se grattant le nez, je passais la tête à la porte de leur bureau, appuyais sur mon déclencheur et disparaissais aussitôt. Je leur livrai les photos convaincu de ne plus jamais entendre parler de Cities Service. Mais non. Ils appréciè-rent énormément mes clichés. Me débarrasser de ce client ne me fut pas si simple.

À cette époque, il m'arrivait de lâcher un peu ma tournée des meurtres aux petites heures du matin pour aller traîner dans mon vieux quartier de l'East Side. Bizarrement, j'avais envie de revivre mon ancienne vie. Repérant des gamins sur un escalier de secours, je me présentais à la porte de la maison... ces vieux immeubles n'étaient jamais verrouillés, je montais l'escalier en enjambant les mômes pour prendre une photo d'eux, endormis les uns sur les autres. En partant je laissais un billet de cinq dollars pour que les enfants puissent s'offrir une glace, des bonbons ou un ciné. Plus tard, les gens qui découvrirent ces photos au Musée d'art moderne se demandaient comment j'étais au courant de trucs pareils. Comment je savais ? Fastoche. J'avais dormi comme ça toute mon enfance !

Les propositions de reportages ou même de postes à plein temps continuaient de pleuvoir. (Comme d'hab, je répondais aux « plein temps » de ne pas m'insulter.) Un jour, Bill Churchill, de *Life,* me prit vraiment au dépourvu. «Weegee, il y a en ce moment vingt-sept types qui attendent de passer sur la chaise électrique dans le couloir de la mort à Sing Sing. Je veux que tu y ailles, que tu les mettes tous dans une même cellule. Je veux de l'émotion, je veux du tragique. Je veux qu'ils s'accrochent au barreau, qu'ils tombent à genoux, les bras levés vers le ciel. Je veux une lumière à la Rembrandt. Je veux que tu prennes

cette photo. C'est une urgence. » Je lui répondis :
« Écoute, Bill, pourquoi ne la prendrais-tu pas
toi-même ? Je te l'achète. » Une autre commande
de *Life* concernait un sujet sur Harlem. Ils voulaient que j'y emmène leur enquêteur, et que je
lui fasse visiter le quartier. Ils enverraient leur
propre photographe par la suite. Tu parles d'une
commande !

Puis, je fis la connaissance d'un pur produit
de Broadway, du nom de Bob Harrison, qui sortait des magazines de faits divers comme *Titter* et
Whisper (précurseurs de *Confidential*). Le type
était assez original pour que je me dise que son
studio méritait sans doute une petite visite. J'en
avais ma claque des magazines de papier glacé où
la moindre décision prenait près de neuf mois.
Avec Bob Harrison, il y avait de l'action, et elle
arrivait vite.

Je m'entendais bien avec lui. Il m'invita à
dîner, et déclara que, puisque nous avions rompu
le pain ensemble, nous étions désormais amis à
la vie à la mort. Frères de sang.

Il me demandait de prendre des photos qui
m'amusaient. Par exemple, il voulait une photo
de femme avec deux paires de seins. Je m'y col-

lais, quatre nichons alignés. Mais ce n'était pas exactement ce qu'il voulait. Il aurait préféré les deux paires empilées. Il voulait une fille avec deux minous, une autre avec deux strings (un pour son mari, un pour son petit ami). Il n'y avait rien à dire. Un bon entraînement pour développer mes nouvelles techniques.

Un jour, Bob m'envoya un télégramme me demandant de rappliquer en urgence. Il me proposait un véritable test. Je fonçai à son studio. «Weegee, dit-il, maintenant, il me faut le plus grand chef-d'œuvre du monde. Je fais un article sur une fille qui couche avec un fantôme, il me faut cette photo en double page. J'ai la fille, j'ai le banc. À toi de jouer. » Tope là.

Nous allâmes dans un parc, la nuit, et la fille s'allongea sur le banc. Le fantôme se tenait prêt.

« Grouille, Weegee ! cria Bob. Il faut qu'ils s'y mettent ou je vais devoir leur payer des heures sup à tous les deux. » C'était le pompon ! Comment une fille peut-elle coucher avec un fantôme ? Et comment prendre cette photo de manière à ce qu'elle passe comme une lettre à la poste ? Après en avoir parlé en détail avec Bob en buvant des litres de café, sous la pression du bouclage, je transigeai. « Il n'y a qu'une façon de s'en sortir. Cette histoire d'amour doit être platonique ! » Il fallut se résoudre à cette option.

Harrison était un journaleux tordu pour lecteurs tordus. Parfois, je me retrouvais avec des photos que je ne pouvais même pas montrer aux autres journaux. Je les apportais directement à Bob. Des images d'une descente dans une boîte de travelos où l'on voyait des mecs habillés en fille se faire embarquer dans le panier à salade… des photos d'accidents de voitures avec des corps mutilés… des photos de suicides. Avec Bob, c'était toujours dans la poche, ce genre d'images. Il devint un de mes bons clients.

Il se passait un tas de choses autour de moi mais j'avais l'impression que ma vie piétinait. Je m'étais lassé des gangsters allongés dans le caniveau les tripes à l'air, des femmes en larmes devant leur immeuble en flammes, des accidents de voiture. En dix ans de QG de police, il y avait eu au moins un meurtre par nuit. J'avais bien dû en couvrir cinq mille. J'étais lessivé.

Et puis Mark Hellinger arriva d'Hollywood et acheta les droits de *Naked City* pour le cinéma. C'était l'occasion de changer de vie. Je signai un contrat de consultant pour le film qui serait tourné à New York.

Après le tournage, je mis la clé sous la porte de mon appart-musée, mon crime-studio, mon photo-nid d'amour, derrière le QG des flics. Le divisionnaire m'organisa une fête dans son bureau. Je serrai la pince à toutes les huiles, chefs et inspecteurs. Ils me firent cadeau d'un superbe sac de voyage. J'avais décidé de quitter New York. Je partais pour Hollywood. 1947 serait pour moi une année de découvertes.

8

Zombieland

Hollywood, dernier refuge des génies et des cra-
pules, m'accueillit à bras ouverts. Je pris une
chambre au Knickerbocker Hotel, mais ne tardai
pas à emménager dans un petit appart derrière
Hollywood Boulevard.

Je commençai par louer une salle de projection sur Hollywood Boulevard pour y organiser
une présentation de mon film et de mes photos.
Le tout Hollywood y assista, y compris Judy Gar-
land, Ralph Edwards[1] et Sylvia Sidney[2]. Même
Charlie Chaplin, qui n'allait jamais aux avant-
premières, se déplaça. Il me confia que mon film

---

1. Ralph Edwards (1913-2005), producteur et présentateur
radio et télé. En 1940, il crée le jeu « Truth or Consequences »
(littéralement, « Vérité ou conséquences ») qui resta sur les ondes
pendant trente-huit ans, à la radio et à la télévision.
2. Sylvia Sidney (1910-1999), actrice américaine qu'on sur-
nomma « les yeux les plus tristes d'Hollywood ».

sur New York comptait parmi ce qu'il avait vu de plus beau et de plus sensible. Walt Disney m'invita à faire une projection dans ses studios… contre rémunération. J'avais réussi mon entrée.

Les propositions commencèrent à affluer. La MGM envoya une grosse Cadillac noire avec chauffeur en livrée pour me conduire au studio pour une projection privée. (Cela me rappela l'époque où j'allais aux funérailles des gangsters.) Nous descendîmes dans la salle de projection du sous-sol qu'ils appellent la *boiler room*. Après la projection, je signai un contrat à cinq mille dollars pour superviser les trucages photos sur un film de Red Skelton, *Yellow Cab Man*[1]… J'aurais mon nom au générique et tout. Cela m'occupa pendant plus d'un mois.

Pendant mon temps libre, je rendais visite aux autres studios. Quelle ambiance ! Une tension à couper au couteau. L'entrée des studios était toujours envahie de gens qui rêvaient de faire carrière dans le cinéma… des mères avec leurs petites poupées de sept ans déjà affublées de soutifs. Le miroir aux alouettes dans toute sa splendeur.

---

1. *Taxi, s'il vous plaît.*

L'une des premières vedettes à organiser une fête en mon honneur fut Gene Kelly. Des stars comme Humphrey Bogart et Eddie Albert[1], et tout un tas de producteurs et de réalisateurs, passèrent prendre un verre. Il y avait des moments où Hollywood n'était plus pour moi qu'une longue fête sans fin.

Au bout d'un moment, je me mis à pratiquer le passe-temps local préféré : échange de voitures, d'appartements, d'épouses. Vu que je n'avais pas d'épouse à moi, un ingénieur du son de chez RKO me prêta la sienne. Cela me toucha comme un vrai geste d'amitié et de gentillesse tout à fait appréciable, et je promis de lui rendre un jour la pareille.

Après *Yellow Cab Man*, je fis les trucages photos de plusieurs films, dont *Footlight Varieties* pour RKO. Il s'agissait d'une série de courts métrages reliés entre eux comme une revue, avec Jack Paar en maître de cérémonie. Ce dernier se servit de ce film des années plus tard quand il auditionna pour le *Tonight Show* sur NBC.

Quand je ne travaillais pas dans les studios, je faisais des photographies de plateau, en me con-

---

1. Eddie Albert (1906-2005), acteur et producteur américain.

centrant tout particulièrement sur la mise en valeur des starlettes. Quelques amitiés intéressantes se développèrent ainsi.

À Hollywood, tout le monde a un agent. Même les agents ont des agents. Je décidai de m'en prendre un.

Je rejoignis aussi la Screen Actors Guild, l'association professionnelle des acteurs de cinéma et de télévision. J'obtins mon premier rôle dans une production RKO, *Every girl should be married*[1], avec Cary Grant (et sa garde-robe complète de vestes de sport), Betsy Drake, Franchot Tone et Diana Lynn. J'y jouais un photographe de rue.

Une autre production RKO, *The Set Up*, un film de boxe avec Robert Ryan et Audrey Totter, m'offrit le rôle du pointeur. Il fallait que j'apprenne à compter jusqu'à dix. J'ai réussi.

Dans le remake du vieux classique allemand avec Peter Lorre, *M le Maudit*, je jouais le suspect d'un meurtre. Puis, je passai chez 20th Century Fox, et travaillai sur *Journey into Light* avec Sterling Hayden, Viveca Lindfors, H.B. Warner et Thomas Mitchell. J'incarnais un clochard.

---

1. *La Course aux maris.*

Pendant ce temps, je réunissais assez de matériel pour mon nouveau livre, *Naked Hollywood*. Je passais en revue toutes les images célèbres d'Hollywood pour en livrer ma version. Le cimetière de Forest Lawn était vraiment à voir… pas de pierres tombales, juste de la cornemuse enregistrée. Dans une grande salle de réunion, je remarquai que les noms des vendeurs de parcelles étaient inscrits par équipes sur un diagramme au tableau noir, exactement comme au football. L'équipe qui vendait le plus de parcelles obtenait la plus grosse prime. Il me sembla que Forest Lawn était le décor naturel d'une comédie.

Je me fis engager pour prendre des photos pour leur catalogue. Ils avaient une reproduction de la *Cène* qui faisait leur joie et leur fierté. Ils m'expliquèrent sérieusement que leur copie était en fait meilleure que l'original de Léonard de Vinci parce qu'elle était l'œuvre d'une femme peintre abstrait, et qu'elle leur avait coûté très cher, si cher qu'ils ne pouvaient en révéler le prix.

À Hollywood, les restaurants étaient tout simplement affreux. Mon critère, c'est les *blintze*. J'avais mangé de meilleurs *blintze* — pour pas un rond — au dîner de Noël de l'Armée du salut.

Évidemment, vu que les autochtones sont des zombies, il n'y avait pas de toilettes dans les restaurants d'Hollywood. (Ils boivent du formol en guise de café et sont dépourvus d'organes sexuels.) À Hollywood, on reconnaît toujours les visiteurs : ils se promènent avec leur pot de chambre.

Dans un des studios que je visitai afin de réunir du matériel pour mon nouveau livre, ils tournaient un *Tarzan*. Pendant le tournage d'une scène, le chimpanzé Cheeta, qui tient le rôle de la jeune première, commença à se sentir bien… et la vérité nue fut révélée : Cheeta était un mâle ! Le studio était sens dessus dessous. Le dresseur donna un calmant au singe, et le tournage put reprendre.

J'avais du temps libre, et décidai de le consacrer sérieusement au développement des lentilles de trucage que j'avais mises au point. Je les avais utilisées sur *Yellow Cab Man* et savais qu'elles étaient fonctionnelles. Ce travail m'occupa à une période où mon opinion sur Hollywood commençait à tourner au vinaigre, pour le moins. Et puis l'occasion se présenta de prendre la route pour un des grands studios, et je sautai dessus. Prêt à tout pour m'éloigner de cet endroit factice ! J'avais presque terminé mes recherches pour *Naked Hollywood,* quitter Zombieland pour un temps me ferait le plus grand bien.

On était en 1950. Le dernier des arts « bâtards », la télévision, commençait à porter préjudice au cinéma. Les exploitants ne vendaient plus de pop-corn et appelaient à l'aide. C'était la sortie du film d'Universal, *The Sleeping City* avec Richard Conte. Le studio monta une énorme campagne de pub pour montrer son soutien aux exploitants. Un partenariat fut mis en place avec un quotidien dans chaque ville-clé où le film était projeté. Je fus prié, pour un tarif proprement hollywoodien, de passer trois jours dans chacune de ces villes et de photographier la « ville endormie » pour le journal partenaire. En échange, le quotidien local mentionnait le film et lui offrait de la pub gratuite. J'étais censé faire toutes mes photos en une nuit et passer le reste de mon séjour à assurer la promo du film sur les radios et télévisions locales.

On me donna un billet American Airlines en première pour New York et cinq cents dollars d'argent de poche. Le responsable de pub local devait m'accueillir. On devait m'installer dans un des meilleurs hôtels et je pouvais tout mettre sur la note : chambre, bouffe, alcool, distractions, vêtements, pellicule, ampoule de flash, etc. Si j'avais besoin de plus d'argent, il me suffisait de passer en prendre au bureau de distribution local d'Universal.

Quand j'arrivai à New York, on me montra le film dans une salle de projection privée des bureaux d'Universal sur Park Avenue. On me briefa, et on me donna une liste des photographies qu'on attendait de moi. Je n'en crus pas mes yeux : tous les clichés ! L'Empire State Building, la statue de la Liberté, le marché aux poissons de Milton, les kiosques à journaux, les cinémas permanents ouverts toute la nuit, et bien sûr, le fameux marin sur sa barque à Central Park. Ce devait être une plaisanterie ? Mais non. Je déchirai la liste. J'avais mon idée.

À New York, le partenariat avait été conclu avec le *New York Post*, ce qui m'allait parfaitement vu qu'à ma grande époque, le *Post* avait été ma maison. Ils y parlaient le langage de l'homme de la rue — celui d'Abe Lincoln, de Roosevelt, d'Adlai Stevenson, plus quelques traits de génie pour faire bonne mesure.

Je me pointai à l'asile de nuit de Bowery et photographiai les pauvres, les sans-abri endormis, assis sur les bancs de bois. Certains avaient lavé leurs chaussettes et les avaient mises à sécher près du gros poêle à charbon, mais ils ne lâchaient pas leurs chaussures, denrée de valeur sur le marché des voleurs de Bowery. Je connaissais cette mission par cœur, j'y avais passé mon lot de nuits de misère. Je me sentais un peu déplacé dans ma tenue hollywoodienne, mais personne ne me prêta attention. L'endroit était plongé dans la nuit noire, comme honteux, à l'exception d'une croix lumineuse, ornée des mots « Jésus nous sauve ». Quand j'eus terminé mes images, je fis livrer du café et des *donuts* pour tout le monde et glissai un billet de un dollar tout neuf à chacun des hommes.

Le *Post* mit mes images bien en valeur et le film bénéficia d'une belle publicité. Universal fut ravi et me demanda une deuxième série. Cette fois, je mis le cap sur l'immeuble des Nations unies en pleine nuit.

J'aimais cet endroit, mais j'avais quitté la ville pendant cinq ans. J'avais du retard à rattraper dans ma vie sociale et sentimentale : cheese-cake chez Lindy, soupe de boulettes de *matzoh*, carpe

farcie et petits pains farcis au Stage Delicatessen
avec ce cher vieux Max Asnas. Sans compter
qu'il me restait encore à faire la tournée des studios de radio et de télé.

Ma vie sentimentale s'occupa d'elle-même. À
mon hôtel, un flot régulier de visiteuses
m'attendait : actrices en mal de rôle au cinéma,
auteurs de scénario autobiographiques. Je com-
mandais à manger, les encourageais, et promet-
tais de faire mon possible.

Histoire de gagner un peu de temps, je
demandai à Universal de contacter le département de la paperasse aux Nations unies pour
m'obtenir l'autorisation de prendre des photos.
J'étais assez sûr qu'avant qu'ils obtiennent une
réponse à leur demande idiote, je serais reparti.
C'est exactement ce qui arriva.

Étape suivante : Boston. Là, j'étais escorté
par deux inspecteurs de la ville. Nous conduisî-
mes toute la nuit. Il n'y avait absolument aucun
signe de vie, à l'exception d'un ivrogne endormi
sur une bouche de métro.

La nuit suivante, je fis la tournée des cabarets
sur Howard Street, dans l'espoir de voir un peu
de gambettes. Mais les filles étaient habillées
comme Grandma Moses. Au désespoir, je passai

un coup de fil à Hollywood et me fis envoyer mes lentilles de trucage. Je photographiai les monuments les plus connus de Boston selon des angles complètement dingues. Je profitais de mes interviews à la radio pour photographier la standardiste avec deux têtes. Je confiai mes pellicules au *Boston Globe* pour qu'ils se chargent des tirages et fichai le camp. Bien content de quitter Boston, trou du cul de l'Amérique.

Le safari se poursuivit à Washington. J'arrivai tard, un vendredi soir. Le samedi, United Press émit une dépêche annonçant que je tiendrais une conférence de presse dans ma suite au Statler Hotel. Je passai commande d'un généreux buffet pour les journalistes.

Une des filles de la presse, une petite ravissante et futée, interrompit sa dégustation de bourbon pour me dire : « Monsieur Weegee, vous prétendez être médium. Mon rédacteur en chef réclame des preuves de vos dons. Écrivez-moi sur un bout de papier ce qui va se passer ce soir. Mon journal publiera vos photos, et j'écrirai un article là-dessus.

— Écoute, chérie, lui répondis-je. Je n'ai pas à fournir de preuve. Je suis un article garanti, comme l'aspirine. Regarde ces deux photos, page 207 de mon livre, *Naked City*. (J'avais par hasard un exemplaire sur moi.) La première montre un carrefour tranquille, au coin de Mott et Pell Streets, au cœur de Chinatown, à deux heures du matin. Et maintenant, vois la deuxième image, que j'ai prise juste après. La rue entière explose. Les New-Yorkais ont dû se passer de leur chow mein et de leurs nems pendant six mois, le temps des réparations. Ça ne te suffit pas, comme preuve ?

— Non, insista-t-elle. Mon patron veut une preuve écrite.

Il n'y avait pas moyen de la retourner ou de s'en tirer par l'humour avec elle, et pas question de se moquer d'elle, les journaux de Washington sont les plus puissants du pays. J'étais vraiment sur la sellette. Je me concentrai en avalant verre sur verre. Et puis je fus frappé par l'inspiration. Sur la feuille de papier qu'elle me tendait toujours sous le nez, j'écrivis que ce dimanche-là, à cinq heures du mat', les flics prendraient en chasse une voiture volée, laquelle percuterait une boutique de vêtements pour dames, que le voleur serait capturé, etc. Je donnai même le nom de la rue.

Et c'est exactement ce qui arriva. Évidemment, j'étais sur place, et fis quelques photos spectaculaires. Le *Washington Daily News* consacra une double page à mes photos. J'étais blanchi. Mais ça n'était pas passé loin.

Le dimanche soir, j'organisai une petite fête pour les distributeurs et pour les journalistes au Johnson Office, où le film avait été projeté.

Le lundi, c'était le jour de la conférence de presse hebdomadaire à la Maison-Blanche. Je proposai au responsable de la pub d'y assister et de photographier le Président Truman avec deux têtes. Je lui fis remarquer que cela représenterait une grande avancée sociale — et puis j'avais les lentilles sur moi. Les agences enverraient la photo dans tout le pays. Les journaux républicains boiraient du petit-lait et *The Sleeping City* bénéficierait d'une pub d'enfer. Mais la réponse fusa : « Non ! » Oh ! tant pis ! De toute façon, le temps manquait. J'avais un avion à prendre pour Chicago, où le film sortait le lundi. Le cœur brisé, je laissai Harry à la Maison-Blanche… avec une seule tête.

À Chicago, une surprise m'attendait. À ma descente d'avion, c'est la femme qui s'occupait de la pub qui m'accueillit. En route vers le Stevens Hotel (aujourd'hui, le Conrad Hilton), je lui proposai de venir dans ma chambre pour un dernier verre. Elle répondit : « Balivernes, Weegee, je n'aime pas cette étincelle dans votre œil. Passez une bonne nuit de sommeil. Nous avons une grosse journée demain. Retrouvez-moi à l'accueil à huit heures précises. »

Le lendemain, je fis vingt-trois apparitions radio et télé. Cette femme me pressa comme un citron. Un vrai robot ! À minuit, je m'endormis, mais fus réveillé par deux robustes inspecteurs qui devaient être mes guides dans ma tournée nocturne à l'écoute de la radio de la police.

Ce n'était pas la vie nocturne qui manquait à Chicago. Un des flics me portait mon étui tandis que je prenais mes photos. Le *Chicago American* publia une pleine page de mes photos et me qualifia d'artiste de l'objectif. (Merci bien, merci beaucoup !) Mais la nana de la pub continuait à refuser de jouer avec moi. Je lâchai l'affaire et pris mon train pour Milwaukee.

Tout le monde m'avait dit que c'était le genre de ville dont on faisait le tour en une soirée, et qui s'animait exclusivement le samedi. Ça ne me dérangeait pas. J'avais trouvé ma formule.

Je démarrais vers minuit en commençant par les missions, les centres d'accueil pour sans-abri et la cellule de dégrisement des prisons. C'était généralement assez décourageant et ça laissait un goût amer, alors ensuite, je faisais la tournée des boîtes de nuit. Quelques verres me remontaient le moral. Je prenais les strip-teaseuses pendant leur numéro puis, je passais dans leurs loges pour tailler le bout de gras et prendre quelques photos supplémentaires. Je me débrouillais aussi pour engranger une image de contrebassiste de dos avec son instrument. Ça marchait toujours bien dans une mise en page.

Les journaux locaux envoyaient leur photographe pour me suivre. Ils leur payaient des heures sup pour observer le Maître du Bizarre au travail. En plus de faire la promo du film, je ramassai quelques contrats de publicité pour ma pomme. L'un d'entre eux était pour la bière Schlitz. À chaque fois que je prenais une photo dans une boîte, je m'assurais qu'il y avait une bouteille de Schlitz dans le champ, l'étiquette tournée vers l'objectif. Il y avait aussi Muntz Television. Quand je passais à la télé, je montrais l'air de rien des photos de leurs téléviseurs.

Quand Schlitz organisa une grande fête en mon honneur, je me mis en quatre pour une fille qui travaillait à un grand papier « sur Weegee ». Je la convainquis de monter dans ma chambre… pour lui montrer des photos. Mais quand nous y arrivâmes, nous dérangeâmes une bande d'exploitants en plein jeu de dés. L'un d'entre eux était allongé, ivre mort, sur mon lit. Ce n'était ni le lieu ni le moment pour une sérénade.

À Cleveland, le tempo était encore plus mou. À la vérité, je n'y ai simplement jamais trouvé de tempo du tout. Cleveland me rappela Philadelphie, où j'avais passé six mois… en un dimanche soir ! Je fis comme j'avais fait à Boston : je pris la ville avec mes lentilles de trucage. Dans le cadre de la promo du film je donnai une conférence à la bibliothèque publique et fis une apparition dans une émission de télévision en compagnie d'un membre du Congrès, une dame.

À Cleveland, j'embauchai une assistante. Son boulot consistait, entre autres, à me réveiller le matin pour que je sois à l'heure à mes rendez-vous. J'organisai une fête au Statler. Schlitz donna l'ordre de faire livrer des tonneaux de bières. L'hôtel s'emmêla les pinceaux et c'est de la Budweiser qui fut livrée. (Elle était bonne aussi.)

Et puis le *Cleveland Press* publia une pleine page de mes images.

Atlanta l'endormie avait deux grands journaux, un du matin, un de l'après-midi, dirigés par la même équipe. Il était difficile de prendre un verre quelque part, à moins de boire du Coca-Cola, aussi je m'inscrivis à un club et en fis immédiatement mon QG.

Comme d'habitude, j'annonçai à la radio qu'il y aurait un meurtre dans les vingt-quatre heures. Aussitôt, je reçus un coup de fil d'une gentille vieille dame. Elle plaida : s'il devait y avoir un meurtre, d'accord, qu'il y ait un meurtre, mais pouvais-je m'assurer que cela ne se produise pas dans son quartier ? Parce qu'elle vivait dans un quartier si joli et si calme. Je promis de faire mon possible. Les flics qui m'accompagnèrent dans ma tournée semblaient avoir peur de moi : j'étais un gars du Nord.

Je remarquai qu'il y avait deux types de taxi : pour les Blancs et pour les Noirs. Nous visitâmes aussi les boîtes de nuit réservées aux Noirs... interdites aux Blancs. Dans une des boîtes, le patron m'offrit la strip-teaseuse de mon choix. Je me reportai plutôt sur une jolie serveuse.

À Saint Louis, je retrouvai mon rythme. Je vivais la grande vie. Je retirai de l'argent sur le compte d'Universal ; ils n'arrivaient pas à me suivre. J'avais toujours deux villes et cinq mille dollars d'avance.

Pendant les émissions de radio, je fis subtilement allusion à l'hôtel où j'étais descendu, confiant ma solitude, ma recherche éperdue de l'âme sœur. Les résultats ne tardèrent pas. Je reçus l'appel d'une ex de Greenwich Village. Naturellement, je l'invitai à me rejoindre. Elle ne se fit pas prier. Nous tombâmes dans les bras l'un de l'autre et passâmes une sacrée soirée. En une nuit, je me débarrassai des frustrations de toutes les autres villes.

Le chef de la police vint me chercher et, ensemble, nous allâmes à la chasse aux images pour le *Saint Louis Post Dispatch*. Les appels commencèrent à se succéder à la radio : meurtres, attaques à main armée, etc. On aurait dit que l'enfer se déchaînait. Le chef m'accusa en plaisantant de cette vague de crimes et me demanda quand je repartais. Je lui confiai que le crime ne m'intéressait plus. Tout ce que je voulais, c'était une bonne photo d'ivrogne que je pourrais légender : « The Spirits of St. Louis ».

Ça ne manquait pas, sur les trottoirs de la ville. Paniers à salades et ambulances se partageaient la tâche d'en assurer la livraison aux différentes cellules de dégrisement. Mais je suis un peu exigeant sur mes ivrognes. Et jusque-là, ceux que j'avais rencontrés manquaient de caractère. Je finis par en trouver un parfait. Il avait dû s'étirer avant de mouiller le pavé… comme tout bon ivrogne se doit de le faire. Je pris ma photo et poursuivis ma recherche d'autres sujets.

Accomplissant ma tournée tout seul, je marquai un arrêt au terminal des cars Greyhound, toujours un bon endroit pour les photos. Je remarquai deux points d'eau. L'un portait la mention « Blancs », l'autre, « Noirs ». Mais les cafards (sûrement des *Yankees*) ne semblaient pas croire à la ségrégation. Ils fourmillaient librement d'une fontaine à l'autre.

Je passai ma dernière soirée en ville avec ma petite amie. Vers minuit, je lui dis qu'il allait falloir se quitter, je devais prendre un avion pour La Nouvelle-Orléans. Elle se mit à pleurer et refusa de s'habiller. Vivre à Saint Louis, dit-elle, c'était comme vivre dans un aquarium. Je lui proposai de l'emmener avec moi ; j'étais sûr qu'Universal se moquerait bien des dépenses supplémentaires.

Mais elle ne pouvait pas quitter la ville à cause de ses parents. Alors on s'embrassa, et je la laissai là.

J'étais impatient de voir La Nouvelle-Orléans. Je ne fus pas déçu. C'était le Bowery avec un droit d'entrée. Les bars étaient ouverts vingt-quatre heures sur vingt-quatre, et les strip-teaseuses de Bourbon Street suivaient la cadence. En arrivant, je fis mon annonce habituelle quant aux meurtres et crimes à venir dans les vingt-quatre heures. Puis j'allai manger un morceau. Tandis que j'attendais ma commande, je reçus un appel paniqué du reporter des faits divers du *New Orleans Picayune* — le meurtre que j'avais prédit s'était déjà produit. Un type venait de tuer sa femme par balles avant de se jeter dans le Mississipi. Les flics essayaient de le repêcher. Je répondis au reporter que ce n'était pas le meurtre que j'avais vu dans ma boule de cristal et retournai à mon dîner.

Le responsable de la pub de Universal s'était occupé des arrangements habituels avec la police. Plus tard ce soir-là, mes deux inspecteurs passèrent me prendre pour notre tournée. Ils me demandèrent où je voulais aller en premier : un tripot ou un bordel. Ni l'un ni l'autre, répondis-je. Il fallait d'abord que je trouve mes photos.

C'était comme le bon vieux temps, rouler la nuit à l'écoute des appels radio, de quoi me remettre du baume au cœur. J'adorais ça. Des flashes de vie : la mignonne petite blonde en sous-vêtements, allongée sur le pavé tandis que les ambulanciers tentaient de la ranimer. Elle s'était disputée avec son petit ami, s'était enfermée dans la salle de bains et avait pris du poison. Le petit ami lui tenait la main, une vraie tranche de vie. Impossible de m'en aller avant qu'elle ne reprenne connaissance.

Il y avait une telle quantité d'ivrognes à La Nouvelle-Orléans que les flics les ramassaient en camion pour les déposer au Country Club (cellule de dégrisement du commissariat de Bourbon Street). Une cellule pour hommes et une pour dames. Au milieu, la célèbre cuvette commune. Tandis que les flics et les touristes passaient devant en se marrant, je pris la photo d'un type allongé à côté de la cuvette et la légendai : « Les clés de la ville ». Je fus surpris que le journal local la publie.

Les strip-teaseuses m'accueillirent dans leurs vestiaires à bras (et soutien-gorge) ouverts. Leurs strings pendaient sur un fil. Je pris mes photos à la dérobée avec une pellicule à rayon X, tout en bavardant avec les filles qui me confiaient les secrets de leur fascinante profession. Il semble qu'on puisse commander ses strings par correspondance, mais certaines filles ont des mensurations particulières qui réclament un travail sur mesure. Une des filles m'offrit un cadeau très cher à son cœur : son string. Elle le signa : « La Fille aux quatre-quarts ». J'étais si fasciné par lesdits quatre-quarts que, bien sûr, je les pris en photo. Une véritable œuvre d'art. *New Orleans, I love you !*

À Minneapolis, il faisait un froid de canard, surtout après les chaudes journées de La Nouvelle-Orléans. Skid Row se trouvait dans le même pâté de maisons que les boîtes de nuit, pratique pour mes photos. À la différence des filles des autres villes, avec leurs très libres déhanchements, les filles de Minneapolis étaient bien harnachées et corsetées. Ce n'était pas un luxe. Après tout, nous étions dans le ventre du pays.

Le *Minneapolis Tribune* publia mes photos aussi. En attendant mon tour dans une émission de télé locale, je m'endormis. Quand je me réveillai, la caméra était sur moi, et la présentatrice, en train de dire : « Je ne sais pas si je vais oser le réveiller. Il a l'air si bien. » Je lui demandai rapidement un café, fis mon numéro pour *The Sleeping City*, citai le nom de Muntz Television et mis les voiles.

Mon dernier arrêt fut Denver, le Brown Palace Hotel. Pour quelques pourboires de plus, toujours imputés à ma note de frais, la petite femme de chambre rouquine veilla à tous mes besoins.

À Denver, il y avait aussi deux journaux. L'un, épais et classieux, le *Denver Post,* devait avoir un rédac-chef manchot. Les photos étaient mises en page sur deux colonnes, deux types qui fixaient l'objectif. (Ça me tue, ce genre de photo.) J'étais bien content que notre partenariat ait été conclu avec le tabloïd du groupe Scripps-Howard, *The Rocky Mountain,* une chouette feuille de chou accrocheuse.

Mes premières photos furent pour les toilettes des dames de la gare de chemin de fer, à trois heures du matin. Des mères épuisées dormaient sur les banquettes avec leurs bébés près d'elles, dans des poussettes. Le journal prit l'image. Puis, le samedi soir, je visitai la prison. Ça puait le désinfectant. Et là se trouvait une ravissante petite voleuse plongée dans la Bible, et qui déchirait les pages au fur et à mesure de sa lecture. À l'extérieur, d'autres filles sortaient avec leurs petits amis, tandis qu'elle était assise là. Elle me rendit triste. Je devais faire mon boulot mais je m'assurai qu'on ne reconnaîtrait pas son visage sur ma photo.

En me baladant plus tard ce soir-là avec les journalistes des pages société et spectacles, je découvris une scène sur mesure pour moi. Un jeune couple faisait l'amour dans l'entrée d'un magasin. Toujours prêt, je pris une photo rapide au flash depuis la voiture en mouvement. Je demandai au chauffeur de refaire le tour du pâté de maisons. Nous repassâmes et je fis une deuxième image. Au total, j'en fis douze. Le couple n'avait pas l'air de s'en rendre compte… ou d'être dérangé. Ils étaient complètement perdus dans les bras l'un de l'autre.

J'étais très fier de mes photos quand je les donnai au rédac-chef des faits divers.

« Désolé, je ne peux pas les imprimer, me dit-il.

— Pourquoi pas ? insistai-je.

— Nous avons un problème de racisme en ville. L'enseigne "Hot Tamale" dans la vitrine du magasin pourrait offenser nos lecteurs mexicains. »

Je lui dis comment régler le problème. Il suffi-sait de demander à un graphiste de retoucher l'enseigne et de remplacer *Tamale* par *Pastrami*.

Mon boulot pour Universal était terminé, mais il me restait de l'argent. Alors je m'attardai quelque temps à Denver. L'hôtel avait une boîte de nuit pas mal, le journal publia une interview de moi et tout le monde en ville me reconnut. J'avais carte blanche. La propriétaire du magasin de fringues qui voulait que je photographie sa boutique me fit toutes sortes de promesses. Elle avait l'allure et la diction d'un mélange de Lolita et de Lady Chatterley, mais elle ne voulait pas payer. Alors, pas de photos. Comme l'a dit Oscar Wilde : « L'abstinence construit le caractère. » Sur cette note constructive, je sautai dans un avion pour Hollywood.

Vu de face.

Moondog.

Jimmy Dean.

Baiser vaudou.

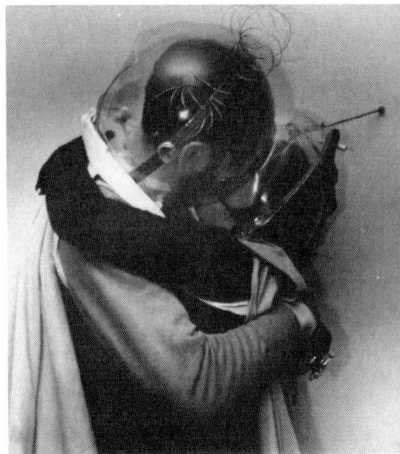

Boy meets girl — from MARS

Astronaute.

Une "party" au Village.

La Reine du bal.

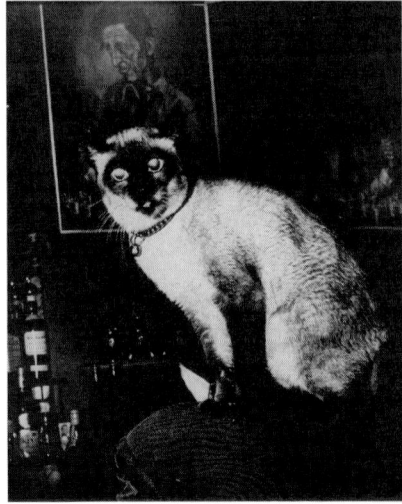
Maxwell Bodenheim.

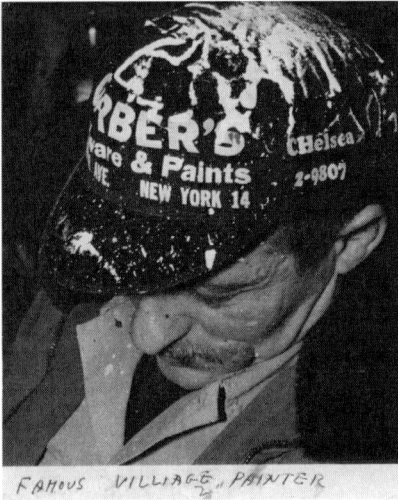
Célèbre peintre du Village.

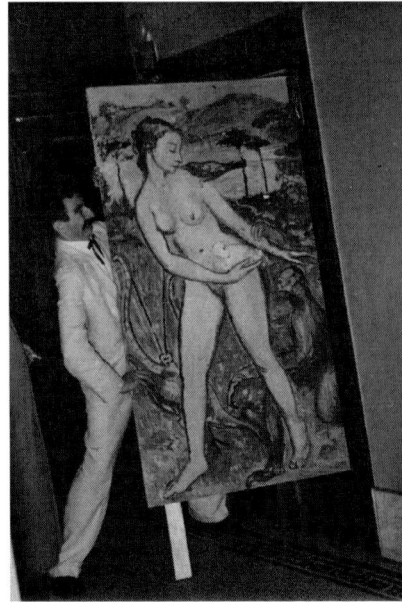
Jour de déménagement.

"T'aurais pas une pizza ?"

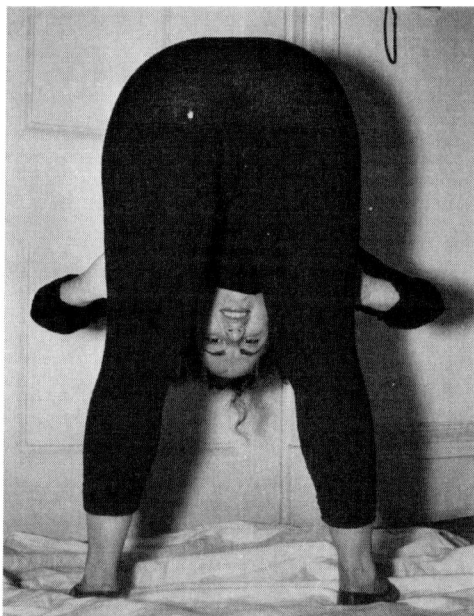

Cover-girl.

L'heure de
l'apéritif.

LOS ANGELES. THE COCKTAIL HOUR

THE SPIRITS OF ST. LOUIS.

Ivresse.

Exécution sur commande.

Mission
accomplie.

"À tous les locataires. Il est interdit de boire, de déranger les voisins, de faire du tapage nocturne. Les occupants (adultes et enfants) devront s'acquitter du loyer. Il est interdit de recevoir des visiteurs et d'écouter la radio après 22 heures. Prière de ne pas claquer les portes. LE GÉRANT."

NOTICE TO ALL TENANTS
POSITIVELY NO DRUNKS ALLOWED HERE
IMMEDIATE DISPOSAL of TENANTS for DISTURBANCE or DRUNKNESS
GUESTS STAYING OVER ▅▅▅ WILL BE CHARGED ADDITIONAL
RENT ADULT or CHILD - NO VISITOR ALLOWED or RADIO PLAYING
AFTER 10.P.M.
PLEASE DONT SLAM DOORS *Manager* *

COMPLET !

9

Le Weegee nouveau

Mon agent m'attendait avec un tas de propositions. Les studios me voulaient tous comme photographe de plateau. On surnommait les clichés de leurs photographes attitrés le « Musée de Madame Tussaud » parce que personne ne prenait jamais la peine d'y jeter un œil dans les halls de cinéma. Pour les grosses productions, ils faisaient toujours appel à des artistes extérieurs.

Cela dit, à ce moment-là, j'en avais plutôt ma claque d'Hollywood. Ma tournée du pays m'avait rendu le goût de la vraie vie. J'avais hâte de retourner là où vivaient les gens authentiques, là où il se passait de vrais trucs. En fait, je brûlais de rentrer à New York.

Je traînai pourtant à Hollywood quelques mois de plus, mais en décembre 1951, je repris l'avion pour la civilisation.

À New York, je trouvai une chambre dans un hôtel en plein Manhattan et me mis en quête d'un endroit pour vivre. Mes intuitions médiumniques me dirigèrent vers un vieux building sur la 47e Ouest. Parfait : il y avait un deux-pièces libre sur l'arrière. J'allais enfin vraiment pouvoir me sentir chez moi.

J'obtins un boulot pour le magazine *Brief.* Le rédac-chef me convoqua dans son bureau et me dit : « Weegee, je veux tu ailles dans un cinéma et que tu me photographies les gens en train de manger, de dormir, de faire l'amour. »

Il n'y avait qu'un seul quartier où je pouvais faire ça : la « jungle » de la 42e Ouest, où se trouvent les cinémas ouverts toute la nuit. Je me pointai dans l'un d'entre eux et expliquai au directeur que je voulais prendre des photos de son cinéma. Je lui proposai une démonstration. Je pris ma caméra, le visai, et appuyai sur le déclencheur. Pas de flash. « C'est de l'infrarouge, expliquai-je. Je ne dérangerai personne. » Il me donna son accord.

Des tas de gens ne vont au cinéma que pour dormir. En fait, le meilleur jour pour aller dans un ciné permanent, c'est le lundi. C'est le jour où on change les draps dans les hôtels minables.

Je n'eus aucun mal à faire mes photos d'endormis. Pour la bouffe, c'était facile aussi. Tout le
monde mange au cinéma. Restait la fornica-
tion...

Je me targue d'être bon dans le réel. Même
dans un cinéma. Je voulais que ma scène
d'amour soit réelle, je voulais qu'elle vienne du
cœur et de l'âme. J'emmenai mon appareil dans
une des loges, visai le public et le laissai là. Chaque fois que j'entendais un soupir ou un grogne-
ment, j'appuyais sur le déclencheur. Je réussis
quelques très bonnes images, mais pas assez. Je
décidai d'essayer autre chose.

Je me déguisai en vendeur de glaces. Je cachai
mon appareil dans mon plateau, parmi la marchandise, et arpentai le balcon. Chaque fois que
je repérais un couple, *bingo !* À la vérité, je me fis
un petit bonus en vendant des friandises en
même temps. Je prenais une commission de
vingt-cinq pour cent, alors à chaque fois que je
faisais une vente, je mangeais un cône. Je
m'amusais bien, à vendre des glaces et à mater
les amoureux en pleine action.

Le jour suivant, je reçus un appel du rédac-
chef de *Brief*. Quand j'arrivai au bureau dans
l'après-midi, il me sauta dessus. « Weegee, où

sont mes photos ? » « Écoutez, lui dis-je, voilà déjà les gens qui dorment et les gens qui mangent, et puis voilà un couple qui fait l'amour. Ils ne sont pas encore à pleine vitesse, c'est juste un tour de chauffe. Au fil de la semaine, ça va devenir plus chaud. » Il me répondit : « Weegee, je n'ai pas le temps ! J'ai un bouclage à respecter. *Ramène-moi ces photos !* »

C'était un boulot à trois cents dollars, et je gardais mes droits de revente, alors je décidai que je pouvais peut-être donner un petit coup de pouce au réalisme.

J'engageai un mannequin et lui donnai mes instructions. « Écoute, ma chérie, vas-y carrément. » Elle ne se gêna pas. Elle portait déjà une robe minimaliste. Puis, j'allai chercher un garçon à l'Alliance des étudiants en art. J'emmenai les deux au cinéma et les installai au fond du balcon. Mes instructions : « Ne regardez pas l'appareil, ne riez pas. Contentez-vous de faire l'amour. »

Au bout d'un moment, j'avais mes photos. Quand j'eus terminé, je leur dis qu'ils pouvaient rentrer chez eux. Ce qu'ils firent… ensemble. J'avais démarré une vraie histoire d'amour !

Je commençai à recevoir des appels des grosses agences de pub. C'était un sacré changement.

Généralement, le photographe est au service des agences. Quatre fois par an ou plus, il se doit d'organiser des fêtes dans son studio et d'inviter tous les créatifs et tous les patrons. Il est censé offrir alcool et femmes à volonté au nom des bonnes relations d'affaires. Mais ce n'était pas mon style. Je n'avais ni studio ni téléphone et, en général, je m'estime chanceux si j'arrive à me trouver une femme pour mon propre usage, alors je ne parle même pas de les fournir aux autres.

Une des premières agences à me contacter fut la J. Walter Thompson Advertising Agency. Je me pointai à leurs bureaux un après-midi. La fille de l'accueil me demanda si j'avais rendez-vous. « Oui, dis-je, avec M. Martini. » Lequel ? m'interrogea-t-elle. « Extra-dry », je lui répondis du tac au tac. Elle s'enquit de mon nom. « Weegee. » J'allai jusqu'à le lui épeler. Après tout, c'est un nom très inhabituel. Si je puis me permettre, Weegee est aussi une *personne* tout à fait inhabituelle. Bref, elle me demanda qui je représentais. « Weegeeland », répondis-je.

Je finis par être introduit dans le bureau du responsable du budget. Il commença par me dire que leur client s'intéressait aux idées nouvelles. Si je leur fournissais les images, il était prêt à me représenter. Le deal était le suivant : si le client aimait mes photos, le budget était à moi. Autrement dit, sa question se résumait à « je peux voir un échantillon ? ».

Je lui dis : « Écoute, mec, je m'appelle Weegee, d'accord ? Tout le monde sait qui je suis. Je me trimballe pas avec un book. Si tu veux des photos, j'y vais, je les fais… à condition que tu payes. »

Ils avaient un nouveau client : la bière Ballantine. Apparemment, le président de la boîte était tombé sur la photo d'un type chez le coiffeur dans *Life* et voulait ce genre d'image… Des vraies gens, mais pas trop identifiables. Le responsable finit par convenir qu'il valait autant que j'aille prendre mes photos, selon mes propres conditions.

Ils avaient déjà deux idées sur leur liste. La première : des gens dans le bus ou dans le métro, des vraies gens, qui devaient faire le signe de *Ballantine Beer* (des cercles entremêlés). Pour la deuxième, ils voyaient un banlieusard ou un provincial, au kiosque à journaux de la « frontière » en train de discuter avec un vrai New-Yorkais derrière l'immeuble du *Times* à Times Square. Évidemment, eux aussi devaient montrer le sym-

bole de la bière Ballantine. Le tarif était de cinq
cents dollars par photo, frais en sus.

Je leur demandai pour quand ils voulaient
leurs photos. En général, la réponse à cette question c'est : « Il y a deux semaines. » Cette fois,
c'était : « Dans un jour ou deux. » Mais quand je
rentrai chez moi à cinq heures cet après-midi-là,
je trouvai un télégramme contre-indicatif : « Il
nous faut les photos demain matin à la première
heure. » Allez, à cinq cents dollars l'image, ça
mérite bien un petit effort.

D'abord, je décidai de dormir un peu. Vers
quatre heures du matin, je me levai et entamai la
tournée de Greenwich Village. Je réunis une
bande d'une vingtaine de personnes et leur dis
que s'ils me laissaient les prendre en photo — et
me signaient une décharge — je leur donnerais
un dollar à chacun et leur offrirais le petit déj. Je
les embarquai jusqu'au coin de la 6e Avenue et
de la 3e Rue. C'est là que les bus commencent
leur tournée, et à cette heure du petit matin, il y
traîne toujours un vieux chauffeur à moitié
endormi.

Nous montâmes dans le bus, et je payai pour
tout le monde. Mais cette fois, le chauffeur
n'était pas un vieux bonhomme. C'était un nou-

veau, et un chieur, en prime. Je lui dis : « Ça ne vous dérange pas que je fasse quelques photos ? » Il me répondit : « Si, ça me dérange. Il vous faut une autorisation de l'administration. » Je lui expliquai : « C'est un boulot de dernière minute » en lui tendant ce qui ressemblait à un petit rouleau de billets verts. (En réalité, il n'y avait que cinq billets de un dollar tout chiffonnés.) Après quoi on se laissa conduire d'un bout à l'autre de la 6e Avenue, et je pris mes photos, symboles compris. Quand j'eus fini, je fis descendre toute la petite bande. Avant de leur donner leur dollar chacun et de leur offrir le petit déj promis, je leur fis signer une décharge. Et d'une. Il me fallait mon autre photo.

Il se trouve que c'était le jour le plus froid de cet hiver-là. Et il fallait que je trouve un plouc en train de parler à un New-Yorkais. Mais l'hiver, tout le monde se ressemble... on ne voit pas bien le costume du plouc sous le gros manteau. Je tentai ma chance au petit bonheur, avec tous les passants. Mais, à chaque fois que je me trouvais un plouc, zéro New-Yorkais à l'horizon. Et vice versa.

Finalement, je me pointai au bureau des petites annonces du *New York Times,* où les gens venaient déposer leurs candidatures pour des boulots, et récupérer leur courrier. Je chopai un inconnu et je lui dis : « Dites, vous voulez vous faire quelques dollars facilement ? » Il me répondit : « Ouais. » J'expliquai : « Je vous paie après le boulot. Suivez-moi. » J'attrapai un deuxième type et lui proposai la même chose. Je les emmenai tous les deux pour discuter devant le kiosque. L'un des deux fit le signe de la bière Ballantine… et je pressai le déclencheur. Et voilà, j'avais mes deux photos.

Plus tard, j'appris que l'idée de l'agence venait directement du fait que le gouvernement avait mis son nez dans les publicités pour la bière qui disaient : « Si vous voulez boire moins, buvez de la bière. » Le gouvernement fédéral avait contacté les marques de bière pour leur demander de cesser d'insinuer que la bière aidait les gens à réduire leur consommation d'alcool. Il fallait donc que les brasseurs redoublent de créativité pour se trouver des gimmicks nouveaux et « réalistes ».

L'agence me confia une nouvelle liste de photos à faire pour Ballantine. L'une de celles qui me plurent particulièrement avait pour décor la patinoire de Central Park. Sur ma route, je passais devant la station de métro au coin de la 6e Avenue et de la 50e Rue. Deux Pères Noël sortaient du métro. Je pris un rapide cliché et fis livrer les négatifs à la rédaction de *Life* en quatrième vitesse. Ils publièrent l'image en pleine page dans leur numéro de Noël.

À la patinoire, je choisis une belle blonde et lui fis ma proposition. « Écoute, chérie, si tu veux, tu peux ramasser un peu d'argent facile sans avoir à faire quoi que ce soit dont tu aurais honte. » Elle accepta. Après quoi, je choisis un type. Je les fis papoter près du bord de la patinoire. En fond, on voyait les gens patiner, et je pris ma photo tandis que le mec faisait le signe Ballantine. Bingo : encore cinq cents dollars.

J'estimai que j'avais eu une grosse matinée, aussi je m'accordai le droit de bavarder avec la blonde. (Je suis sensible aux blondes, aux brunes, aux rousses, aux Noires, aux Indiennes, aux Eskimos… — tout sauf les filles de Brooklyn et les diplômées de Hunter College.) Cette blonde-ci avait l'air saine et propre sur elle. (Je n'ai rien contre les gens sains, mais je n'ai jamais réussi à m'y habituer. Je m'entraînais.) Je lui dis :

« C'était gentil de poser pour moi. Vous faites quoi dans la vie sinon ?

— Je suis gouvernante dans une famille riche, me dit-elle. On va bientôt tous partir pour un tour du monde. Et je suis aussi masseuse. »

Comment voulez-vous que je résiste à ça ! Je lui demandai si elle serait d'accord pour venir chez moi me masser. Elle répondit : « Samedi matin. » Eh bien, croyez-le ou pas, le samedi matin, elle se pointa, et à l'heure avec ça. Elle me fit un merveilleux massage suédois. Je fus attristé d'apprendre que l'agence avait perdu le client Ballantine. La publicité commençait à me paraître un domaine tout à fait fructueux et luxuriant. Sur mesure pour moi.

Puis je fis la rencontre des soutiens-gorge Maidenform. Je fus convoqué à leurs bureaux où ils m'expliquèrent qu'ils souhaitaient utiliser ma technique. J'avais des idées, ils avaient des idées.

L'une des leurs aurait pu s'intituler : « J'ai rêvé que je dansais au plafond dans mon soutif Maidenform. »

Je répliquai : « Très simple. Je la ferai danser au plafond et aussi au sol. Et pour la perspective, j'ajouterai un type jouant une sonate au violon.

— Oh non ! s'écrièrent-ils. Jamais d'homme sur la photo !

— OK, alors, une fille qui joue de la harpe. »

Ils furent choqués.

« Impossible ! Pas de sous-entendu lesbien ! »

Je me diversifiai. Je fis des photos pour Canada Dry qui illustraient les méfaits de l'alcool. D'autres pour des marques de médicaments expliquant comment perdre du poids, en prendre, ou les deux. J'acceptai même un boulot pour la compagnie aérienne israélienne. Tout, tout, tout, de la soupe aux fruits secs, à mon raisonnable tarif de cinq cents dollars la photo, plus les frais évidemment. (Lesquels couvraient une multitude de péchés, jamais à moins de quatre-vingts dollars. Je suis très modeste.)

Je m'étais servi de mes lentilles de trucage pour photographier certaines villes pendant ma tournée Universal, et disposais donc d'une jolie collection de décors truqués et de caricatures. Je me demandais quel genre de réaction artistique ces clichés provoqueraient. J'en fis un portfolio que je soumis au Musée d'art moderne.

Quand je les montrai au Captain Edward Steichen, il s'enthousiasma : «Vous êtes vraiment un artiste, Weegee ! me dit-il. Vous utilisez désormais votre appareil comme un instrument de création. » J'avais développé de nouvelles techniques et dans ce domaine, je n'avais pas de concurrence.

À l'automne 1952, je fis une tournée de conférences pour le Columbia Lecture Bureau. Voilà une expérience intéressante. En général, les activités du Columbia Lecture Bureau s'adressaient aux femmes du monde associatif. À l'évidence, pas exactement *mon* cœur de cible. Dans une ville du Massachusetts où je parlai devant un groupe de ce genre, dès le lendemain, le comité écrivit au Bureau pour se plaindre que ma conférence était trop osée. Aussitôt, un club d'hommes ayant eu vent de cet incident se précipita pour m'inviter à son tour. Après quoi, ils écrivirent, déçus : mon intervention n'était pas *assez* osée. Difficile de contenter tout le monde.

Ce que je préférais, c'était les clubs de photographes amateurs. Je leur en donnais pour leur argent. Cent, deux cents, parfois cinq cents personnes, la salle était toujours pleine. Je choisissais quelqu'un dans le public, une femme en général, et m'adressais à elle, surveillant les expressions de son visage, me laissant guider par son niveau de satisfaction.

Après la conférence, je comptais mon argent : j'étais payé au pourcentage. Je me rendis compte que de temps en temps, ils essayaient de m'arnaquer. Disons qu'il y avait eu neuf cents personnes, mais le comité essayait de ne me payer que pour cent. J'appris à placer quelqu'un à la porte, que je chargeais du comptage des spectateurs à leur arrivée.

Pendant mes conférences, j'essayais généralement de trouver une âme sœur. Un soir à San Diego, après mon intervention, je bavardai avec une fille et finis par me faire inviter chez elle. C'était une créature étrange. Elle étudiait la photo, écrivait de la poésie. Chez elle, elle me montra ses photos. (Je vous épargne l'horreur des détails.) Puis elle me demanda si je voulais entendre ses poèmes. « Il est un peu tard, chérie, tu ne veux pas me les mimer plutôt ? »

Elle avait construit sa petite douche dans son studio. Je lui suggérai d'en prendre une ensemble. Je crois à la propreté. Après quoi, nous nous mîmes au lit. Je lui dis qu'il faudrait que je parte tôt le lendemain, parce qu'une longue route m'attendait. Bien sûr, en partant, je l'embrassai en lui jurant un amour éternel.

Partout où je passais, je prenais contact avec les journaux du coin et leur proposais une série de photos gratuites à condition qu'ils mentionnent ma conférence.

Mon plan ne tomba à l'eau qu'une seule fois. J'avais fait les photos et les avais apportées au journal. Ma conférence était prévue le vendredi soir au lycée Franklin-Roosevelt — il y avait toujours un lycée Franklin-Roosevelt. Quand je lui avais montré mes images, le rédac-chef m'avait dit qu'il les aimait beaucoup.

« Je les passerai dimanche, me dit-il. Dimanche !

— Attendez une minute, je lui dis. Ma conférence a lieu vendredi soir. Si vous les publiez vendredi après-midi, elles m'apporteront des spectateurs. Qu'est-ce qu'elles me rapporteront dimanche ? »

Il me répondit : « Je ne peux pas, Weegee, j'ai une obligation. » Je lui demandai ce que c'était, « des photos de girl-scouts qui vendent des cookies ».

« Comment avez-vous deviné ? répliqua-t-il.

— Pas question ! Vous passez mes photos vendredi avant ma conférence ou pas de photo gratuite.

— Impossible. »

Je remballai mes photos.

Ma tournée de conférences m'occupa l'essen-
tiel des années 1952 et 1953. C'était sympa,
mais j'étais content que ça s'arrête. J'avais hâte
de retrouver mes agences de publicité, et en particulier de me remettre à mes photos-caricatures.
J'étais très excité par l'ambition de faire faire à
mon appareil exactement ce que je voulais. La
photographie me permettait de créer mon propre
monde.

Un soir, vers huit heures, en janvier 1954, je
me baladais dans Greenwich Village. Par habitude, j'écoutais distraitement la radio de la
police. Un avion s'était crashé sur un gratte-ciel
de Wall Street. Je savais que je pouvais être sur
place avant l'ambulance. Je savais que je pourrais
faire des photos vraiment formidables. Mais je
me dis : « Non. » Ce genre de choses — et de
photos — était derrière moi. Fini, le bain de
sang.

Je consacrai l'année 1954 à travailler sur mon
équipement et à développer mes techniques.
J'avais passé toutes ces années à photographier
des visages, des gens. J'aimais les gens, ils me fas-
cinaient, mais il me semblait que j'avais atteint
une certaine limite. Au-delà de leur apparence,
les photos-caricatures révéleraient mes modèles

de l'intérieur. J'allais donner à l'appareil photo une nouvelle dimension. La photo avait été inventée pour enregistrer la nature, comme un pochoir. Avec mes nouveaux objectifs et mes nouvelles techniques, j'avais dépassé cela. J'avais le sentiment que j'avais rendu mon appareil humain. Je pouvais capturer sur pellicule tout ce que le cerveau était capable d'imaginer.

Mes vieux amis de *Vogue* m'offrirent bientôt l'occasion de publier certaines de mes caricatures. Ils voulaient quelque chose de différent, une nouvelle approche des personnalités omniprésentes dans les magazines du monde du divertissement. J'étais leur homme. Ils pouvaient compter sur moi.

Au printemps 1956, *Vogue* publia donc mes photos-caricatures de Marilyn Monroe, Paul Muni et Liberace. Sensation garantie. Soudain, tout le monde voulait que je fasse sa photo-caricature. *Vogue* me demanda si je pouvais faire la même chose en couleur. Je leur dis que je n'en savais rien. (Je dis toujours la vérité.) Ils proposèrent de financer mes recherches, je me lançai donc dans l'expérience. Il en sortit aussi mes créations textiles pour les tissus Fuller. Je me diversifiais au-delà de tout ce que j'avais imaginé.

Après ça, *Look* me proposa une série de sujets. D'abord, ils m'envoyèrent à Hollywood pour photographier des gens comme Eddie Cantor, Sid Caesar, Red Skelton, Jack Benny et Dave Garroway. Ces photos parurent en 1957. En 1958, je fis mes caricatures des chapeaux du printemps. Les femmes adorèrent — je crois. Ma dernière mission dans ce cadre : les défilés parisiens de 1959. Je n'avais pas le temps d'aller à Paris pour prendre moi-même les clichés originaux. Aussi, je déléguai un photographe parisien pour les faire d'après mes instructions précises, et me les envoyer à New York. Dans ma chambre noire, j'appliquai ma petite magie, et le résultat fut satisfaisant.

Je contrôlais les événements. Je n'avais pas de concurrence, et personne ne m'arrivait à la cheville. Avec mon appareil, je pouvais tout faire. Impossible n'était pas Weegee, et j'avais un marché au poil pour mon travail.

Je fis même des trucages avec le Polaroid. Les scientifiques de l'usine Polaroid de Cambridge, Massachusetts, n'en revenaient pas. Ils m'écrivirent pour me demander la permission de tenter de reproduire mes effets. Je leur donnai mon feu vert. (C'était en 1957. Ils essaient toujours.)

À l'époque où les gens de chez Polaroid étaient en émoi, je reçus une commande pour un magazine qui faillit me déconcerter moi-même. Quand on me donna la liste des personnalités que j'étais censé photographier, je me rendis compte qu'elle incluait tous les photographes du métier (sinon moi). Je devais portraiturer Karsh, Halsman et Eisenstadt, pour n'en citer que quelques-uns. Je me sentis honoré.

Mon premier modèle fut Yousuf Karsh. Il me parut être un petit gars très doux, gentil et vaguement mystique… Quand je l'interrogeai sur l'avenir de la photographie, il me répondit, très modestement, qu'il était entre ses propres mains.

Le suivant fut Philippe Halsman. Quand j'arrivai à son studio, l'endroit bougeait. C'est-à-dire que le sol tremblait sous le poids des gens qui sautaient en l'air pour son *Jump book*. Sur le ton de la plaisanterie, je lui demandai : « Monsieur Halsman, quel est le secret de votre immense succès ? Vous êtes l'auteur de cinquante couvertures de *Life Magazine*. » Il eut un mouvement de recul et me répondit : « Weegee, c'est quatre-vingt-sept, pas cinquante ! » Je me confondis en excuses : « J'ai perdu le compte. Mais, je me répète, quel est votre secret ? » Il répondit :

« Je les mets dans l'ambiance, quelle qu'elle soit. Je leur parle, je leur mets de la musique, je leur donne à boire. » Moi, je travaille autrement. Il ne tarda pas à être prêt à poser pour moi.

Quand j'eus fait ma photo, il me dit : « Écoutez, Weegee, j'ai un boulot pour *TV Guide*. Ils veulent une photo de Jayne Mansfield pour leur couverture. Voulez-vous bien jeter un œil à mes clichés ? Vos critiques m'intéressent. »

Bon, Halsman doit avoir des ristournes sur ses pellicules. Il avait fait cent cinquante clichés couleur en 8 × 10 ! J'y jetai un œil attentif. Les photos étaient magnifiques. Mais j'étais sur le cul. Il avait fait poser Jayne en Jeanne d'Arc ! Personnellement, j'aurais tout misé sur le décolleté. « Alors, Weegee, qu'en pensez-vous ? » me demanda-t-il. J'eus recours au cinquième amendement.

Après ça, je me mis en chasse d'Alfred Eisenstadt de *Life Magazine*. Quand j'arrivai aux bureaux du journal, je filai droit aux vestiaires où traînaient les photographes. Il y était.

J'eus un problème avec mon flash-gun au moment où Eliot Elisofon passait justement par là. Je lui dis : « Eliot, j'ai un souci avec mon flash-gun. Et je n'ai plus d'ampoule. Tu en as ? Si tu veux, quand tu seras célèbre, je prendrai ta photo à toi aussi. »

Au moment de caricaturer mes portraits, je cherchais toujours les traits du visage qui se prêteraient le mieux à la déformation. Chez Eisenstadt, le plus impressionnant, c'était les dents. Elles semblaient trop belles pour être vraies — comme s'il venait de les acheter. Je lui dis : « Fais comme Liberace ! »

Il dit : « Quoi ?

— Comme Liberace, insistai-je. À la télévision, tu regardes bien la télévision, non ?

— Non, non, pas de télé », répondit-il. Mais j'eus quand même ma photo. Dans l'ensemble, ce fut un boulot vachement agréable.

En me baladant chez Woolworth un après-midi, je tombai sur un kaléidoscope, sur un comptoir du rayon jouets. Toujours curieux, je m'en saisis pour regarder à l'intérieur. Je fus fasciné par les superbes figures symétriques et multicolores qui se composaient par simple rotation. J'en achetai un. De retour chez moi, j'étais impatient de regarder encore. Et puis je me demandai s'il y avait moyen de prendre des photos à travers le kaléidoscope. Ça n'avait jamais été fait mais ce n'est pas le genre de choses qui m'arrête… Mes photos-caricatures étaient inédites aussi. C'était juste un nouveau défi.

Mais avant d'être capable de l'adapter à mon appareil, il me fallait en apprendre un peu plus sur le kaléidoscope. Je découvris qu'il avait été inventé et breveté en 1817 par un type du nom de sir David Brewster. Il avait d'abord été fabriqué comme un meuble, que les gens utilisaient pour s'y asseoir dans un salon, prenant leur tour pour y jeter un coup d'œil et admirer les superbes motifs. (En fait, la télévision avait pris sa place.)

Au cours de mes expériences, je me rendis compte que le kaléidoscope ouvrait de nouvelles perspectives pour la photographie. En un sens, c'était le « chaînon manquant » pour un photographe créatif et imaginatif.

J'avais entendu dire que Louis de Rochemont était sur le point de tourner un nouveau film, *Windjammer*, à l'aide du nouveau procédé Cinémiracle. Je réalisai un petit film pilote à l'aide d'une nouvelle technique que j'avais développée avec le kaléidoscope et le lui montrai. Très excité, il m'offrit aussitôt de filmer la séquence new-yorkaise de *Windjammer*.

Juste après la première projection de *Windjammer* au Roxy à New York, on me proposa de travailler sur un autre film, *Vacances à Bruxelles*, sur l'ouverture de l'Exposition universelle. Steve Allen devait signer la musique, et George Jessel ferait le commentaire. C'était une offre intéressante. En avril 1958, je pris l'avion pour Bruxelles.

Ma première réunion de production avec le réalisateur, les acteurs et les autres cameramen eut lieu dans un bar à vins. Chacun d'entre nous paya douze dollars et cinquante *cents* pour une bouteille de champagne. Nous pensions que le prix incluait une femme par personne. Mais non. Une dispute s'engagea. Les flics se pointèrent en moins de temps qu'il ne faut pour le dire. Ils examinèrent les bouteilles attentivement. (La Belgique a une politique de prix très stricte. Tous les établissements doivent afficher leur liste de prix au mur.) Les flics estimèrent qu'on ne nous avait pas arnaqués sur le champagne, mais les filles coûtaient douze dollars et cinquante *cents* supplémentaires chacune. Nous restâmes tous.

Quand nous commençâmes à tourner, le réalisateur se mit en tête de me convaincre de faire aussi l'acteur. Je jouai le rôle muet d'un clochard (à la Charlie Chaplin).

Puisque j'étais de retour dans le cinéma, je décidai de faire la tournée des salles de Bruxelles. Je découvris qu'ici on donnait un pourboire à l'ouvreuse, sinon, elle ne vous plaçait pas. (Elle était loin, la 42e Rue !) Les films se finissaient toujours par la mise à nu de l'âme (et des seins) de la vedette féminine, ce qui me plut beaucoup.

Quand on eut terminé le tournage à Bruxelles, je m'offris un petit voyage à Paris, puis rentrai à New York. Je cherchais de nouveaux mondes à conquérir, et où y vivre autrement.

Là, l'histoire se répète. Après une bataille judiciaire, les cinémas de New York avaient obtenu l'autorisation de montrer des films nudistes. Le marché était luxuriant : tout le monde se mit à en réaliser. En tant qu'autorité en la matière, on me proposa un boulot de consultant technique sur l'un des tout premiers.

Le producteur était un sacré numéro. Je le rencontrai pour la première fois au Stage Delicatessen. En fait, il avait un appartement dans le coin, qui était le repaire des bookmakers, des prêteurs sur gages (on pouvait obtenir un prêt sur n'importe quoi, même sur une assurance chômage), des petits racketeurs, et des filles du quartier. J'aimais cette atmosphère informelle et me mis à y passer pas mal de temps.

Une fille se pointa, et j'entamai la conversation.

« Qu'est-ce que tu fais dans la vie chérie ?

— Je suis dans le métier.

— Tu prends combien ?

— Quinze et vingt.

— Quelle est la différence ?

— Vingt dollars si c'est une seule personne, quinze pour un groupe. »

Cela me parut plutôt honnête, bien qu'à cette époque de ma vie, je ne payais plus. Je m'en remettais à ma célébrité et aux autographes.

Bref, le financement du film fut mis en route. Les books, racketteurs, chauffeurs de taxi et autres serveurs réunirent à eux seuls quelque cinquante mille dollars et on put monter un budget. Je suggérai au producteur de tourner en couleurs. Il me rit au nez et dit que les gens qui venaient voir des films nudistes ne s'intéressaient ni à la couleur ni aux couchers de soleil. Tout ce qu'ils voulaient, c'était de la chair… le noir et blanc leur irait très bien.

On engagea les acteurs : une demi-douzaine de danseuses et mannequins, ainsi que quelques gars musclés qui savaient jouer au tennis et au volley-ball. Pour le reste, on prendrait de vrais nudistes dans des camps de nudistes, qu'on paierait un minimum, sans oublier de leur faire signer une décharge. Évidemment, l'équipe technique, le réalisateur, la scripte et tous les autres devraient travailler nus. (Les camps nudistes étaient très stricts sur ce plan.) Tout fut organisé, et ce fut parti.

Nous quittâmes New York dans plusieurs camionnettes. Notre premier lieu de tournage était un camp dans le New Jersey. Dans les films nudistes, pas vraiment besoin d'histoire... c'est toujours un message positif sur le soleil, ou la santé. Nous improvisâmes au fur et à mesure. C'était donc l'histoire de deux filles. L'une fuyait son mari, un jeune cadre en pleine ascension qui mangeait chez Chock Full O'Nuts, était incollable sur les derniers succès de Broadway et de librairie (il lisait les critiques), fumait la pipe et écoutait de la guitare... le parfait raseur quoi. On ne pouvait vraiment pas en vouloir à la fille de s'être barrée. L'autre fille était simplement sa meilleure amie.

Les premières scènes faisaient partie d'une séquence dans laquelle la Reine des nudistes devait être choisie et couronnée. Bonne excuse pour se rincer l'œil un max. En tant que directeur technique, mon boulot était de m'assurer qu'aucun entrejambe n'atterrisse dans le champ. Je drapai la Reine d'une large ceinture de soie, mais les officiels du camp s'y opposèrent. Ils trouvaient que ma ceinture faisait ressembler la reine à une strip-teaseuse. On décida donc de ne prendre que des gros plans ou des plans de dos. *Très* intéressant.

Nous nous rendîmes ensuite à Washington pour ajouter au film un peu de variété et lui donner un peu d'exotisme. L'une des scènes importantes prit place à l'intérieur du Washington Monument, de nuit. (Je ne pense pas que George aurait approuvé.) Une autre scène fut tournée dans le musée des statues de cire. Sur fond de figures historiques, notre petite troupe profitait du spectacle… à poil. Autour du tableau dépeignant Abraham Lincoln au Ford Theater juste avant qu'il ne se fasse tirer dessus, le petit comique de notre film fit se tourner Abe vers sa femme et lui dire : « Ah ! toi ! et tes matinées théâtrales ! »

On termina le film en Floride, par une superbe séquence de ballet sous-marin, que je

photographiai avec mon nouvel objectif kaléidoscopique. Du grand art, si je peux me permettre.
Le film fut un véritable succès commercial et
tout le monde fut content.

De retour à New York, je devins rédac-chef du
Photographer's Showcase, un magazine du genre
Playboy. Je me servais de mes contacts avec les
photographes pour trouver du matériel, mais la
plupart du temps je présentais mon propre travail, sous trois noms différents (pour lesquels je
me payais à chaque fois). (Pas de plainte du
bureau de poste.) J'envisageai même de porter
une cravate mais... une crise se développa.

New York était en période de transition. Mes
taudis bien-aimés disparaissaient. L'endroit où
j'avais passé ma merveilleuse enfance n'était plus
désormais que logements sociaux pour familles
défavorisées. Tout dans la ville devenait enrégi-
menté. Tous les programmes de télévision
devaient être approuvés par Paddy Chayefsky[1].
Toutes les bagarres de rues avaient lieu sous la
supervision de la Ligue athlétique de la police.

---

1. Paddy Chayefsky (1923-1981), romancier, il écrivit avec
succès pour la télévision, le cinéma et Broadway.

Tandis qu'on achevait la construction de cités HLM de plus en plus nombreuses, j'appris qu'on serait bientôt à court de familles dans le besoin. Il y avait des cours du soir pour apprendre à être un bon défavorisé. On essayait tout. Des campagnes de sensibilisation à la radio et à la télévision et des publicités dans le journal. On offrait même des kits pratiques « Soyez défavorisé en dix leçons » gratuitement. On fit appel à des travailleurs sociaux, mais les gens se moquèrent et refusèrent simplement de devenir défavorisés. Rien ne fonctionnait. En désespoir de cause, un symposium international de services sociaux et d'organisations caritatives appela à une réunion historique sur dix jours à Paris. Après un peu de tourisme, ils arrivèrent à cette conclusion : il n'y avait qu'à importer les défavorisés de Puerto Rico.

Ceux-ci commencèrent à affluer à New York par milliers… en avion. Ils étaient accueillis à l'aéroport par des fanfares, et le maire leur organisait des parades sous une pluie de confetti en bas de Broadway. Les cinémas de quartier se mirent à proposer des soirées spéciales « films espagnols ». On vit se créer des tabloïds et des bars espagnols. Des salons de beauté espagnols, des prêteurs sur gage espagnols et des églises espagnoles. Mon directeur de publication sauta dans le train en marche et transforma mon magazine de starlettes en *comic book* portoricain.

Pendant mon temps libre, j'avais mis au point un petit spectacle comique de diapositives couleur pour les night-clubs. Max Gordon, du Village Vanguard, trouva que c'était une idée neuve. Nous étions en pleine ère de l'humour tordu, il ne voyait pas comment j'aurais pu rater le coche.

Après ma période night-clubs et cafés, on commença à m'inviter sur les plateaux de télé. John Wingate me sollicita pour venir dans son Dumont Show, mais il ne payait pas. J'y remédiai en me trouvant quelques sponsors personnels. Une marque d'appareil photo japonaise, un resto chinois, un magasin de matériel photographique et ainsi de suite. Naturellement, je fis tout cela sans demander la permission à John. À la télé, on ne demande rien à personne, on fonce… et je me fis cinq cents dollars.

Wingate, qui venait tout juste de remplacer Mike Wallace, frappa fort quand il m'interviewa. Il faillit me prendre au dépourvu en me demandant :

« Est-il vrai, Weegee, que vous couvrez des orgies ?

— Oui, répondis-je, mais seulement pour le plaisir, pas pour le travail, j'y vais dans le plus simple appareil. »

D'autres émissions suivirent. Au Jack Paar Show, pour lequel je reçus un cachet (c'en était fini de la gratuité), je me débrouillai pour glisser quelques autres pubs de mon cru : un appareil allemand très cher qui me fut offert pour ma peine et un restaurant hongrois qui me promit table ouverte pendant un an. Chez Dave Garroway, je mentionnai un appareil photo américain. Mais c'est chez Garry Moore que je réussis mon meilleur coup : je photographiai l'émission *pendant* qu'elle se déroulait avec un Polaroid.

Cette tournée des télés commençait à se révéler un bon plan. C'était encore mieux que de prendre des photos. Mais cela se termina brutalement. Quand je fis mon apparition dans le Ben Hecht Show, le sujet de la discussion était « Du meurtre comme un des beaux-arts ». Un huissier m'attendait dans les rangs du public, prêt à me remettre une citation à comparaître. Il fut à deux doigts de me rejoindre à l'antenne. Jamais à court de bons mots ou d'appareil photo à placer, je me surpassai… Je plaçai tout ce que je pouvais. Après l'émission, le standard explosa d'appels de mécontents et la chaîne fut inondée de plaintes écrites. Ben s'en alla précipitamment à Chicago.

Combattre la télévision ne m'intéressait pas. Au lieu de quoi, je la rejoignis et commençai à réaliser des films pour elle. J'en fis un pour la National Broadcasting Company (la télévision publique), un pour la ville de Pittsburgh, et un pour le Desert Inn de Wilbur Clark à Las Vegas. Je prenais tout ce qui se présentait, et tout me tombait tout cuit.

Et après ? me demandai-je. Ça me démangeait de revenir au vrai cinéma et, en particulier, de retourner en Europe. Je suivis mon instinct et fis à nouveau cap sur Hollywood.

Au Musée d'art moderne.

Faut-il une légende à cette photo ?

Colporteur.

Sardines.   →

Hauts-de-forme.

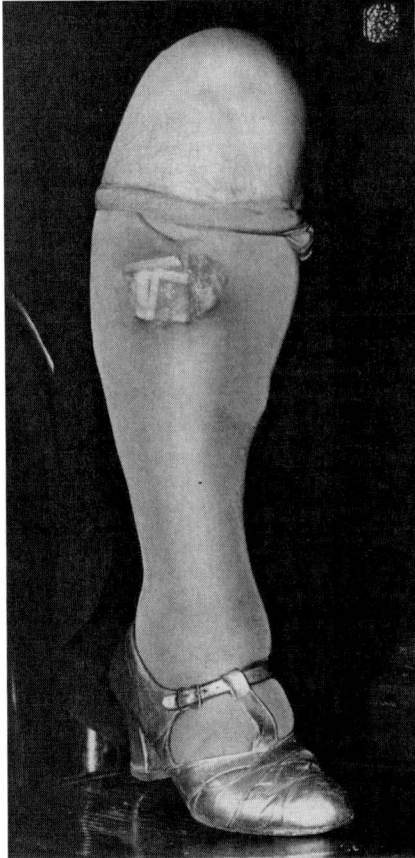

La Caisse d'épargne
de Bowery.

La critique.

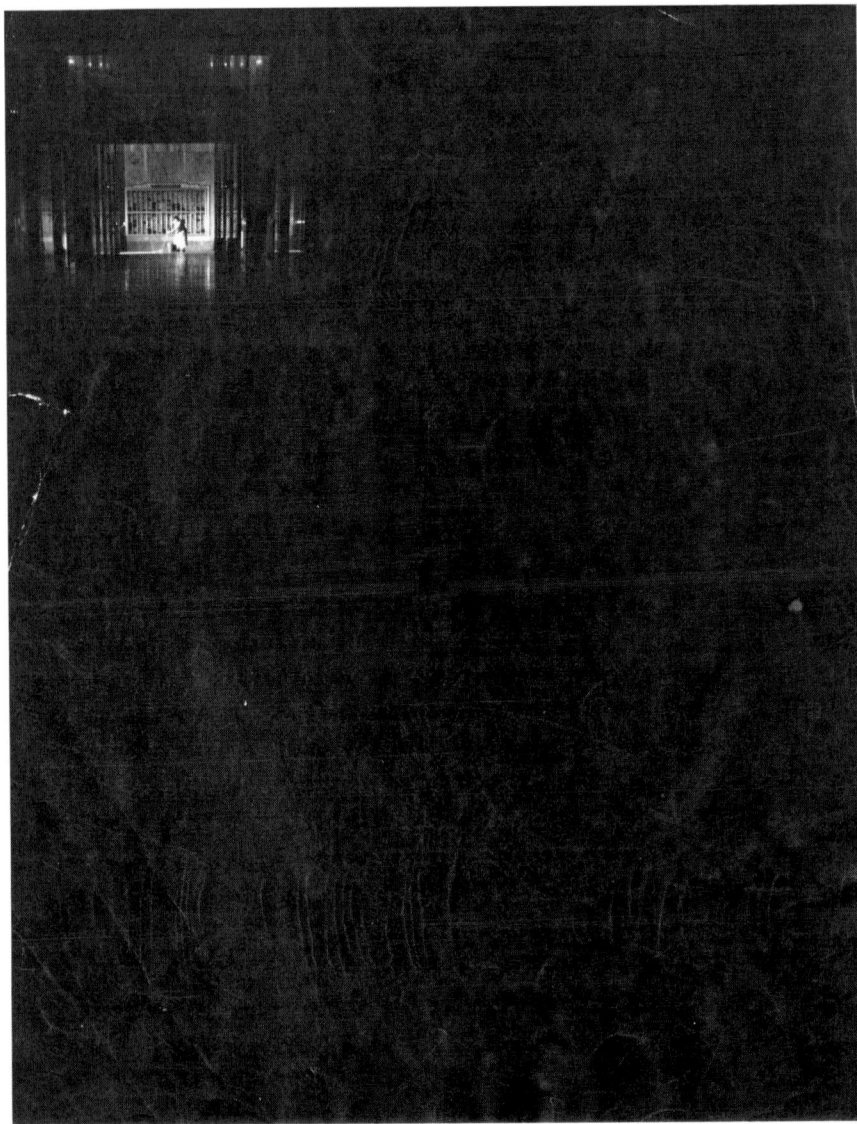

L'heure de dormir.

10

L'exil

Dès que je me retrouvai à Hollywood, je repris contact avec autant de producteurs que possible. Je voulais faire un film intitulé *Naked Paris* sur le modèle de mon *Naked City*. Je finis par rencontrer la bonne personne, lui vendis une option sur le film et signai un contrat de conseiller technique. À la fin de 1959, j'étais une fois encore en route pour Paris.

À Paris, je descendis au Prince de Galles, très en vue, dans une superbe suite à trente-cinq dollars la nuit. Je crois à la vie de luxe aux frais de la princesse. Le producteur voulait que j'engage Brigitte Bardot pour le film, mais BB attendait un bébé. Il me fallut chercher une remplaçante.

Le dernier numéro de *Playboy* présentait un dossier spécial sur les petites Françaises en vogue. Il y avait une photo d'une fille qui ressem-

blait à Brigitte. Elle posait sur un matelas le cul à
l'air. (Juste une petite photo.) Je rentrai en contact avec cette fille et lui demandai un rendez-
vous à l'hôtel pour une audition dénudée. Son
cul était une œuvre d'art, d'une rondeur exquise,
mais un tout petit peu trop girond. Personnellement, j'aime les filles un peu étroites du haut et
généreuses du bas, mais au cinéma on cherche
toujours exactement le contraire. Je lui dis de ne
pas m'appeler, que c'est moi qui appellerais. Un
vieux cliché à Hollywood, mais encore inédit à
Paris.

L'info circula rapidement. Weegee était là ! Je
me retrouvai rapidement assailli par des Françaises qui espéraient rentrer dans le milieu, surtout
avec une maison de production américaine. Je les
auditionnai toutes, les prenant chacune en photo
sur un tapis.

Je contactai aussi Jules Dassin, qui vivait et
travaillait désormais à Paris. Jules avait réalisé
Naked City[1], que Mark Hellinger avait produit
pour Universal d'après mon livre, et qui avait
gagné un Oscar. Il serait parfait pour *Naked
Paris*. Il venait de terminer le sensationnel *Never*

---

1. *La Cité sans voiles.*

on a Sunday[1] et se déclara intéressé. Je lançai aussi des agents en repérages pour des lieux de tournages, des studios, et plus de filles.

Et puis un léger pépin nous tomba dessus. Le producteur ne parvenait pas à trouver le demi-million de dollars nécessaire au film. Pas de *Naked Paris...* Je décidai quand même de rester un peu. Il me semblait qu'il y avait de quoi faire.

Un sommet international se tenait alors à Paris. Je les photographiai tous à leur arrivée : Ike, Khrouchtchev, de Gaulle, Adenauer et Macmillan. Pour faire bon poids, j'ajoutai aussi un peu de Marilyn Monroe et en fis des photos-caricatures. À Khrouchtchev, je donnai une allure de grand singe, avec une petite nuance de rouge. (Celles-ci étaient en couleurs.) Ike, que j'aimais bien et que j'avais déjà photographié, je le transformai en force de la nature.

Cette série fit sensation dans l'Hexagone. Tous les journaux et les magazines la voulaient. Je la vendis à ceux qui payaient rubis sur l'ongle, en commençant par *Paris Match*, puis à *Paris-Jour, Paris-Presse* et *L'Express.* J'obtins de bons prix et de nouvelles offres du monde entier.

---

1. *Jamais le dimanche.*

Art Buchwald, de l'édition parisienne du *New York Herald Tribune,* m'interviewa. Puis une maison de production française me demanda de photographier le monde tel qu'il apparaîtrait à travers les yeux d'une vache. Pas de problème.

Julliard, le fameux éditeur français, voulait les droits de mon autobiographie (qui, moi ?). Au bout d'un moment j'étais tellement débordé que j'engageai une jeune Suédoise qui étudiait les langues à la Sorbonne, comme secrétaire, interprète, et ainsi de suite.

Avec toute cette publicité, les portes s'ouvraient devant moi. Les coulisses du Casino de Paris étaient devenues mon QG. On m'invita à rejoindre le club d'une piscine privée où l'on nageait dans le plus simple appareil. Évidemment, j'acceptai. Je commençai même à apprendre le français, et obtins une accréditation en tant que correspondant étranger. Paris me gâta.

Mais l'heure de vérité était arrivée dans cette ville de tous les suppléments (entrée en boîte, service, serviette), où l'unique ascenseur sans liftier de l'hôtel tombe irrémédiablement en panne au moins une fois par mois (comme une femme) et où vous vous retrouvez à grimper six étages à pied.

Enfin, on me fit la proposition que j'attendais... l'occasion de tourner un petit film fantas-
tique en utilisant mes nouvelles techniques. Il
devait se faire en Allemagne. Je sautai donc dans
un avion pour Munich, le petit Hollywood euro-
péen.

C'était ma première visite dans ce pays. J'ai
toujours été ouvert à — et curieux de — tous les
peuples ; et j'étais particulièrement intéressé à
l'idée de découvrir celui-ci. Quand j'étais invité à
dîner dans les foyers aisés, les Allemands se van-
taient de leur intelligence et de la remarquable
renaissance de leur pays.

Je leur demandais : « Si vous êtes si malins,
pourquoi n'avez-vous pas gagné la guerre ? »

La réponse était toujours : « Le nombre.
Nous étions moins nombreux.

— Et où était la Luftwaffe ? » insistais-je en
désignant les immeubles criblés d'impacts de
bombes.

La réponse : « Nous sommes tombés en
panne d'essence. »

Je riais et répondais : « Pardonnez-moi, mais
c'est un drôle de moment pour tomber en panne
d'essence ! »

Quand je parlais des camps de concentration, les visages se fermaient. Ils plaidaient l'ignorance totale.

Le film sur lequel j'avais été engagé s'appelait *Les Elfes et le Cordonnier*, c'était l'adaptation d'un conte d'Andersen. Je réunis les équipes de prise de vue et de prise de son… puis me trouvai une âme sœur pour le tournage. Il nous fallait deux nains, mais il n'y en avait pas de disponible à Munich. Quand j'appris qu'il y en avait deux à Hambourg, mon âme sœur et moi attrapâmes un vol Lufthansa pour aller les voir.

Hambourg était une ville de lumières… rouges. Tout était grand ouvert. Dans le quartier de Repperbhan, les boîtes de nuit déployaient le grand jeu : strip-teaseuses, films et photos dénudés, lutteuses à poil, le tout pour le prix d'une boisson. Les filles étaient installées à des tables équipées de téléphones. Le sexe, c'est simple comme un coup de fil. Le quartier était plein de femmes assises en vitrine, mettant leur corps en vente. Il n'y avait pas de voitures… rien que du cul. Je n'avais jamais rien vu de tel, nulle part ailleurs. Mais je ne restai pas longtemps. Je trouvai quand même le moyen de faire une double page pour le *Bild,* ramassai mes nains et tous en route pour Munich.

Nous commençâmes le tournage dans une petite ville pittoresque. L'endroit était plutôt mort. Mon âme sœur était bien pratique. L'équipe du film annexa un hôtel. Le tarif était d'un dollar la nuit, petit déjeuner continental inclus. Vu que je touchais quinze dollars de défraiement, mon séjour s'avéra vraiment tout bénef.

Pour un de mes effets spéciaux, je photographiai les deux nains en train de danser avec mon objectif kaléidoscopique, ce qui me permit de remplir l'écran de centaines de nains. Évidemment, cela faisait faire d'énormes économies au producteur : pensez, cent nains pour le prix de deux !

Quand le film fut terminé, je proposai à plusieurs actrices de les ramener à Paris avec moi... à certaines conditions, évidemment. Mais avant même que j'entre dans les détails, elles criaient toutes : « On accepte ! » Cela dit, je n'avais aucune intention de m'engager. J'étais — j'ai toujours été — une âme libre. Et j'entends bien le rester.

À Paris, je retrouvai rapidement le milieu. Une livraison complète de courrier m'attendait, essentiellement des suppliques émanant d'agences de pub new-yorkaises. Elles voulaient que je revienne prendre de nouvelles photos pour leurs clients. J'étais content de retrouver les exemplaires du *Time* et de *Newsweek* qui me tenaient informé de ce qui se passait dans ma ville bien-aimée.

Je repris mes vieilles habitudes... avec quelques améliorations. Je me faisais réveiller vers midi par la femme de chambre, qui m'apportait mon petit déjeuner ponctué d'un baiser de bienvenue. Après quoi j'allais me balader, emportant systématiquement mon appareil. Premier arrêt : une terrasse de café, où il était facile de se faire des amis. Il y avait toujours un tas de filles, qu'elles viennent de Suède, d'Allemagne, d'Italie, du Japon, d'Afrique... ou de France. Je gardais mes distances avec les Américaines, la plupart d'entre elles étaient obsédées par les musées.

Paris... les touristes pleins aux as changeant leurs Traveller's pour de l'argent français. Peut-on troquer des rêves pour de l'argent ? Donnez-moi mille dollars en petites coupures pour qu'ils durent plus longtemps. Maintenant, je peux manger... En face, au PamPam, je prends un petit déj, un hamburger avec un milk-shake à l'américaine. Une bouchée — hé ! vous pourriez vous faire arrêter pour faux et usage de faux avec un truc pareil ! Berk !... Je vais plutôt m'asseoir un moment à la terrasse du Café de Paris. *Garçon !* Apportez-moi un *café au lait...* Hé ! chérie, file-moi donc un *Herald Tribune,* tiens, garde la monnaie... Tu fais quelque chose ce soir ?... OK, ça marche... Attends, qu'est-ce que c'est que ça ? Vingt pour cent de remise si vous payez en dollars ? Donnez-moi un demi-litre de Chanel N° 5, j'ai envie d'un bain... Hé, Taxi ! Emmenez-moi au George « Sink »... J'ai un rendez-vous avec moi-même... Le métro devient impossible... Tenez, porteur, prenez-moi une réservation au Crazy Horse, voulez-vous, c'est vraiment le meilleur spectacle de strip-tease en ville ! Désormais, je ne voyagerai plus qu'en première. La différence ? Les passagers de seconde classe ne se lavent pas... C'est sûr, ça n'est pas mes affaires... Mais le rêve s'étiole... Est-ce que mon virement est arrivé ?... Au nom de Weegee ?... Quelle heure est-il à New York ?... Et à Pétaouchnock ? Et à Tombouctou ?

Oh ! toi, Frank Harris, toi et tes frasques. Je vais acheter ton livre de confidences chez Brentanos et le ramener en Amérique. Pardon ? Ce livre est interdit aux États-Unis ? Tu es un vantard et un menteur, Frank, mais j'achèterai ton livre quand même. Si je ne peux pas ramener le livre, je ramènerai la technique… Est-ce que la douane peut arrêter ça ?

Je vais aller voir un strip-tease. Il n'est que onze heures du matin, mais ils commencent tôt ici. « Vous voulez changer de l'argent, monsieur ? Très bon prix, cinq cents francs pour un dollar. » Non merci. Je n'ai que des rêves à échanger.

Il y a encore du courrier ? Voici mon passeport chérie. Mon nom est Fellig, Arthur Fellig. Appelez-moi Weegee. Merci.

Le soir, je passais par l'Olympia pour choper le spectacle « Paris l'Amour », et bavarder un peu avec la vedette, Joséphine Baker. Et puis direction le Mars Club pour un peu de conversation, de bière et de clientèle cent pour cent américaine.

Et pour finir, marcher dans les rues aux petites heures du matin, jamais sans mon appareil, évidemment. Des hommes et des femmes dormaient sous les porches, parfois même sur les trottoirs. Et les femmes aux pas vifs, partant pour le travail... (plus elles sont vieilles, plus elles sont fripées, plus elles sont matinales).

Je finis par me lasser des Champs-Élysées (*Little America*) et m'installai sur la Rive gauche. Je trouvai un grand appartement avec un lit supplémentaire, au cas où je ferais la connaissance de couples intéressants, de nouvelles camarades de jeu, d'apprenties photographes, etc. Il y avait foule sur la Rive gauche, surtout des étudiants qui vivaient avec un dollar par jour, des couples excités se chauffant à la chaleur humaine plutôt qu'au gaz, enfin, quand ils habitaient quelque part. Sinon, un sac de couchage au bord de la Seine faisait l'affaire.

La beauté de Paris est artificielle, comme celle d'une vieille pute trop maquillée... un endroit où personne ne vous rend la monnaie... où l'on revend les cartes postales érotiques (« à la française ») sur le parvis du Louvre ou de Notre-Dame... où les filles de Pigalle, chaloupant des hanches et du sac à main, vous proposent une « exhibition » pour quinze dollars : entre femmes, ou entre homme et femme. Merde, à New York, mes amies et ma famille font mieux pour pas un rond !

À Paris, les piétons étaient complètement motorisés. Un touriste américain valait cent dollars. Pour ramener une fille à votre hôtel, glissez un billet de cinq cents francs au concierge, soit un dollar. Il dira toujours : « Qu'elle ait foutu le camp avant huit heures ! »

Le rêve s'étiolait. Pour résumer, je supportais les Français à dose homéopathique, mais pour faire passer leur bouffe, il me fallait du sel d'Epsom. À l'évidence, j'avais besoin de changement. Mais je n'étais pas prêt à rentrer à New York. Pas encore. Coup de bol, je reçus une proposition de Londres.

À l'aéroport d'Heathrow, une limousine avec chauffeur en livrée m'attendait. On me conduisit en vitesse aux studios de la BBC pour l'enregistrement de leur émission *Tonight*. C'est là que passaient toutes les vedettes en visite. Mais ils ne s'attendaient pas à Weegee ; pas à ma façon de parler, et de dire tout ce qui me passe par la tête, sans filtre, dans mon anglais perso. (Enfin moi, j'appelle ça de « l'anglais ».)

L'interview se passait bien. Je racontais mon expérience, images à l'appui, en tant que photo-

graphe officiel de Murder, Inc., quand je fus brutalement interrompu :

« Merci, ce sera tout Weegee !

— Mais je commence juste à me chauffer ! »
braillai-je en retour.

On me vira de l'antenne. J'imagine qu'ils
avaient la trouille que je dise le truc de trop,
peut-être même qu'à leurs yeux j'en avais déjà
trop dit. Bref, toute la ville parla de l'émission, et
je reçus une proposition de boulot du *London
Daily Mirror,* le journal au plus gros tirage du
monde : six millions d'exemplaires par jour !

Nous étions en mars 1960. Je signai avec le
Daily Mirror pour un salaire de cent soixante-dix
livres la semaine (l'équivalent de cinq cents dollars) comme photographe de la haute — et de la
couronne. Je fis un aller-retour express à New
York pour y récupérer un téléobjectif Omega,
qu'on ne trouvait pas encore à Londres. Je m'installai au Mapleton Hotel à Piccadilly Circus, fis
passer la douane à mon Omega en pièces déta-
chées, et m'installai une chambre noire dans la
salle de bains.

Ma première commande était de photographier Hugh Gaitskell, le chef du Labour à la
Chambre parlementaire. Le chef du service

photo me conseilla de ne pas porter de casquette… À Londres, il n'y a que les communistes qui en portent. Alors j'ai caché ma casquette. Je pris aussi le Premier ministre Macmillan en photo. J'étais devenu la star du *Daily Mirror.*

Je me pointais au journal à cinq heures, jetais un œil sur le programme des reportages, et choisissais le sujet qui me bottait le plus. Je mis Londres dans ma poche. Je devins plus célèbre qu'Anthony Armstrong-Jones (un autre photographe). Je me concentrais sur les personnalités du théâtre et du cinéma, sur les premières, les boîtes de nuit, et la famille royale, sans oublier la princesse Margaret.

Quand mon contrat avec le *Daily Mirror* se termina, je refusai de le renouveler. Je n'ai jamais aimé me sentir lié à un seul journal. Je préfère la pige. Je m'y remis.

Pour le *Sunday Graphic,* je couvris l'exposition de Picasso à la Tate Gallery. Ce type me mit en rogne : il m'imitait ! Quel culot ! Je décidai de le remettre à sa place. Je retouchai ses toiles abstraites, les ramenant à la normale, en particulier le portrait intitulé « O.J. » qui représentait sa petite amie. Il lui avait peint un très long cou. Je lui rendis des proportions normales.

Pour le *Times* de Londres, qui publiait très peu de photos, je fis une série des monuments incontournables de la ville vus à travers mon objectif kaléidoscopique. Après le *Times,* je fis une couverture en couleur pour *Tattler*, le magazine de la *jet-set* londonienne et un numéro spécial pour *Lilliput*… et ainsi de suite.

Londres me fascinait. J'aimais particulièrement les hamburgers de chez Whimpy et la rousse qui manifestait devant le 10 Downing Street avec un panneau réclamant : « Interdisez la bombe H. » Je l'invitai à prendre un verre et à dîner. Quand nous nous retrouvâmes au lit, j'aime autant vous dire qu'elle oublia complètement la bombe.

J'envisageais de m'installer à Londres définitivement, mais je n'arrivais pas à trouver un appart. Ils étaient tous aux mains des « filles ». Elles distribuaient des cartes qui faisaient la promo de leurs particularités : Mannequin… Mannequin café-crème… Mannequin français-continental… Miss Fetish veut te voir… Modèle nu aime faire plaisir… On prend soin des parties de ces messieurs… Massage à la française… Petit déjeuner avec Betty… Si t'es malin t'appelles… Dame donne cours de français… Mais aussi : Jeune masseur au service de tous vos besoins.

Un soir où je travaillais dans la salle de bains, à développer mes photos, le téléphone sonna. « Ici la réception. Votre voisine du dessous s'cst plainte, une fuite est en train d'inonder son lit. » Je n'avais plus d'endroit où laver mes épreuves, j'étais plutôt lessivé moi-même, je pris le premier avion pour New York.

J'arrivai à l'aéroport d'Idlewild avec cent cinquante kilos de trop — pas moi, mes bagages. Je ramenais un max de matos, d'images coquines, etc. Les douaniers ne me confisquèrent qu'une orange. Il est interdit de faire entrer des fruits frais sur le territoire.

Un sacré paquet de courrier m'attendait. Et notamment une invitation pour un vernissage au Musée d'art moderne. (J'y serai, j'en profiterai pour me débarrasser de quelques amis artistes et m'en faire de nouveaux.) Encore des invitations : trois nouveaux club d'échangisme qui s'ouvraient. Bien sûr que je veux être membre.

Une balade à travers les rues de ma ville bien-aimée. Les cités dortoirs sont toujours là, défigurant le paysage, mais Times Square n'a pas changé. Ah ! New York… je t'aime ! Je vais faire une série pour la rubrique « Photos parlantes » de *Life,* un coup difficile, mais pas pour un vieux maître comme moi. Cela aura plusieurs utilités. Weegee est de retour, qu'on se le dise, agences de pub et photographes. Histoire de leur faire envie, et de leur donner une bonne raison de se battre.

11

Photo-finish

Pendant mes safaris conférences ou reportages autour du monde, les gens me demandaient toujours le secret de mon succès. (Merci pour le compliment.) C'est très simple. J'ai simplement été moi-même. Sans compter qu'ayant toujours eu un grand complexe d'infériorité, j'ai dû me battre, consacrant toute ma vie et toute mon énergie à mon travail. Je ne suis pas un photographe dilettante à temps partiel, à la différence de tous les barmen, vendeurs de chaussures, vendeurs de grands magasins, plombiers, coiffeurs, épiciers et autres chiropracteurs qui prennent leur appareil photo pour un hobby. Leurs amis s'extasient devant leurs merveilleuses photos. S'ils sont si bons que ça, pourquoi ne passent-ils pas professionnels pour faire de la vente ou de la plomberie leur hobby ? Les gens préfèrent la sécurité. Ils ont peur de lâcher leur place et leur salaire… Pensez, ils pourraient rater un repas.

Je vis dans plein de mondes différents (à mes yeux, la terre n'est pas ronde). Je suis passé de la réalité au rêve sans pourtant jamais ratcr un repas ou une femme pour mes photos-caricatures, mes techniques kaléidoscopiques et mes autres innovations. J'ai commencé par les tester dans des magazines comme *Mad, Hobo News, Police Gazette,* etc. Quand la technique était au point, je me tournais vers les lieux des plus grands succès (et des meilleures paies), nommément les agences de pub et les magazines comme *Vogue, Fortune, Holiday, Life, Look,* etc.

L'appareil photo est la lampe d'Aladdin des temps modernes. Il m'a donné tout ce que j'ai pu vouloir : la célébrité, la fortune et les amis. C'est le métier le plus facile à pénétrer, parce que les rédacs-chef sont toujours à la recherche de quelque chose d'humain, de différent. Les portes sont toujours ouvertes aux débutants et aux inconnus. Les autres photographes pensent que c'est la magie du nom Weegee qui hypnotise les directeurs artistiques, que c'est pour ça qu'ils achètent mes photos. Ce n'est pas le cas. Pour le prouver, j'ai fait une petite expérience à Londres.

Sans m'annoncer et sans rendez-vous, je me pointai au *Times*. Ils n'avaient jamais entendu parler de moi, à mon grand étonnement (je suis facilement étonné). Je leur montrai quelques photos kaléidoscopiques. Le rédacteur en chef a reposé son thé pour dire : « Diantre ! C'est complètement nouveau ! Original. Rafraîchissant. » Ils achetèrent mes photos et leur accordèrent une demi-page. Après quoi, le Beaverbrook Group — qui publie le *Daily Express* et le *Sunday Express* — les repéra, en acheta les droits pour les diffuser dans le monde entier. On en fit des cartes de vœux et des calendriers. J'avais la confirmation de ma théorie : une bonne photo se vend toute seule.

Mon appareil photo, j'y pense en permanence…

Il en va des fanatiques de la photo comme des fanatiques religieux. Ils achètent des appareils prétendument invisibles. Mais ça n'existe pas. C'est au photographe d'être invisible, pas à l'appareil. Ils lisent le mode d'emploi et chargent le film. Ils s'arrêtent au drugstore du coin pour acheter un ou deux flashs. Ils n'aiment pas la lumière artificielle, ils disent que ça gâche l'ambiance. Ils se voient en nouveau Cartier-Bresson, ou Gene Smith, ou même... Weegee, et pensent qu'ils vont bosser pour *Life*.

Notre époque est celle de la spécialisation, alors certains se lancent dans la photographie animalière, d'autres préfèrent les animaux empaillés, et ainsi de suite jusqu'à la photo de mode ou la photo industrielle, etc. On a aussi les photographes de bébés et les photographes de mariages. Un jour j'ai demandé à un de ces derniers s'il n'avait jamais eu d'aventure avec une jeune mariée. Il me répondit qu'elles étaient réceptives mais qu'elles réclamaient toujours un peu de temps parce qu'elles avaient toujours déjà quelque chose de prévu avec le jeune marié. Ce sont aussi des âmes protégées, qui ont peur de se mélanger avec les étrangers et le monde extérieur, avec tous ses merveilleux sujets à photographier. Certains se consacrent à la photo décorative... De la pure masturbation intellectuelle. Pour faire des photos, il n'y a pas le choix, il faut bien se mélanger. Que ce soit avec des présidents, des reines ou des gangsters. Avec tout le monde. Il ne suffit pas d'être poli. Il faut tout le temps fourrer son nez dans les affaires des autres, comme le nain dans le camp nudiste.

Je n'ai pas d'amertume. J'aime avoir une atti-
tude constructive. Comme je l'ai dit, j'ai inspiré à
pas mal de gens l'idée de se lancer dans la photo.
En vérité, je m'inspire moi-même. (Et quand je
réussis une photo, je m'accorde un bonus.) Une
bonne commande, à mes yeux, c'est une bonne
photo plus un rendez-vous galant. Quand je
repars, j'appose un cachet devant chez la fille
(comme George Washington) : *Weegee a dormi ici.*

Les gens me demandent toujours quand vais-
je changer, me calmer, me poser, me marier, etc.
Je suis marié à mon appareil photo. J'appartiens
au monde. Et je ne bosse que pour le plaisir et
pour l'argent.

Je suis toujours à la recherche de ma Tribly.
(Svengali, c'est moi.) Je me fiche de sa couleur
ou de ses opinions politiques. Je lui demande
juste d'être humaine… d'être prête à ne pas dormir de la nuit… d'aimer la bière… de ne pas
manger trop, de recevoir un chèque de ses
parents toutes les semaines… et de n'avoir jamais
fréquenté le Hunter College. (Toutes les diplômées de là-bas semblent avoir des yeux derrière
la tête ; elles feraient toutes d'excellents flics, pas
ma tasse de thé.) Je préfère les Européennes. Ce
ne sont pas des petites filles gâtées comme les

Américaines. L'Américaine veut savoir, dès le premier rendez-vous, combien d'argent vous avez en banque, combien vous gagnez, quelles sont vos intentions, dans quels restos, boîtes de nuit et théâtres vous allez l'emmener, etc. Après une cour de sept ans, elle consent finalement à vous suivre au lit, mais à une seule condition : pas de sexe. Au moins, les Européennes, vous les emmenez prendre une bière, vous leur payez une toile et hop, au lit… pas plus compliqué que ça. Pas de frustration, pas de vierges professionnel-les. Donnez-moi une Française, je prends sans condition. Même si elle est mariée à un Français. Vous pouvez aller jusqu'à la présenter à votre maî-tresse et passer un chouette moment à trois. L'Allemande s'y pliera par principe : c'est ce qu'on attend d'elle. L'Anglaise se comporte tou-jours en épouse — pas de fantaisies. À la réflexion, je vais aller faire un tour au Japon et j'essaierai de ramener une Japonaise en Amérique.

Au fait, vous savez qu'il vous faut un permis pour trimballer une contrebasse dans le métro ? Et qu'une pizzeria casher a ouvert dans l'East Side ? Savez-vous pourquoi les bureaucrates por-tent toujours une chemise blanche (et une cravate) ? (On s'en fout !)

Ma commande la plus étrange ? Un rédac-
chef voulait que je trouve une enfant abandonnée, à l'instant où on la découvre dans un hall
d'immeuble, une poubelle, une cabine téléphonique, n'importe où, et que je la suive pendant les
vingt années suivantes. Celle-là, je l'ai refusée.
(Je ne voulais pas stigmatiser une fille abandonnée.)

Parmi les gens que j'ai photographiés : Fran-
klin Delano Roosevelt, le plus grand homme du
vingtième siècle. Le bravache Harry Truman (en
voilà un qui aurait fait un bon photographe de
presse). Calvin Coolidge, au visage gelé et aux
lèvres étroites, qui avait un air de Brooks Brothers, j'entends par là, comme l'idiot dans une
vitrine. Ike ? J'ai eu une sacrée conversation
avec lui. Je ne pouvais pas vraiment l'aider dans
le domaine de la gestion du pays, mais en tant
que photographe, j'ai pu lui donner quelques
trucs. Khrouchtchev ? Jamais vraiment réussi à
le comprendre. Marilyn Monroe ? C'est elle qui
a eu du mal à *me* comprendre. Le roi Farouk
(un homme comme je les aime). Red Skelton…
me repéra à sa première, au Fontainebleau à
Miami, me fit saluer par le public en me présen-
tant comme « le plus grand photographe du

monde ». Merci, Red. Le duc et la duchesse de Windsor. La reine Élisabeth. Gypsy Rose Lee. Mme Roosevelt. Groucho Marx. La princesse Margaret. Elizabeth Taylor. J'ai photographié tous ceux qui comptent, du gotha aux registres de la police. Picasso compris. (Heureusement qu'il ne s'est pas mis à la photo, ça aurait été de la concurrence déloyale.)

La vie n'a jamais été meilleure. Nous avons de nouveaux présidents, de nouveaux rois, de nouvelles reines, starlettes, ennemis publics. Allô ? Allô ? Qui est à l'appareil ? (Si seulement le téléphone pouvait arrêter de sonner.) Ici la Maison-Blanche. Ici Buckingham Palace. Ici le directeur de Sing Sing. Ici Alcatraz. Oh ! alors comme ça vous voulez des photos ? Vous avez un rendez-vous ? Je crois bien qu'il va falloir que je remballe ma machine à écrire (si seulement elle avait une option rédaction et orthographe anglaises pour moi) et mon appareil photo et que je me mette en route : Paris, Londres, Berlin, Rome, Tokyo, Hong Kong…

Le monde m'appelle et j'arrive… Du courrier pour moi ? Voici mon passeport, chérie. Appelez-moi Weegee.

Trafalgar Square.

J'adore Paris ! (Coulisses du Casino de Paris.)

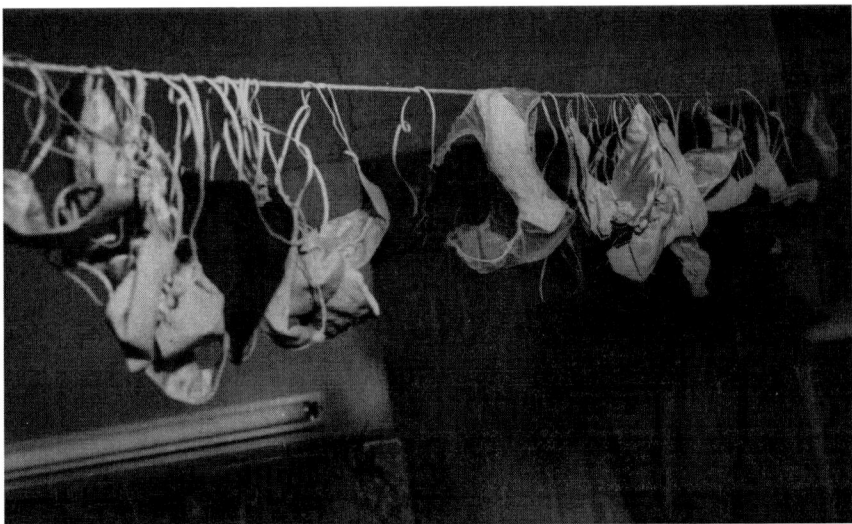

Sonate en string mineur.

Pissotière parisienne.

À Bruxelles.

À Munich.

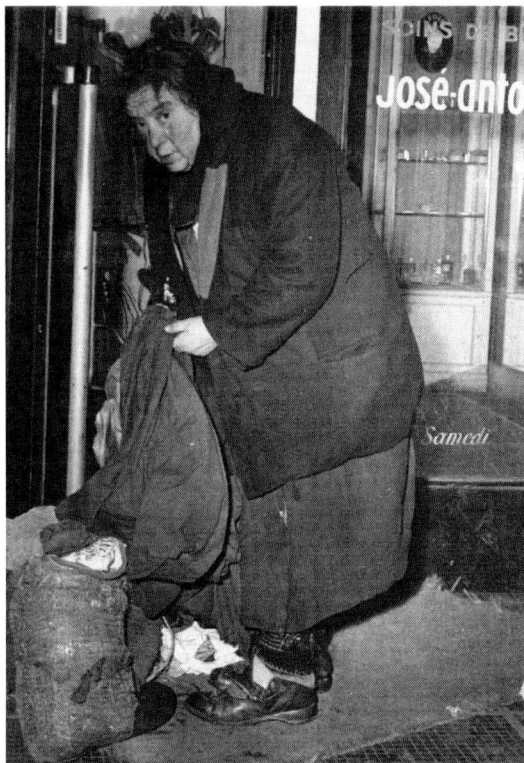

Les pauvres
gens de Paris.

Au chaud sur les grilles du métro.

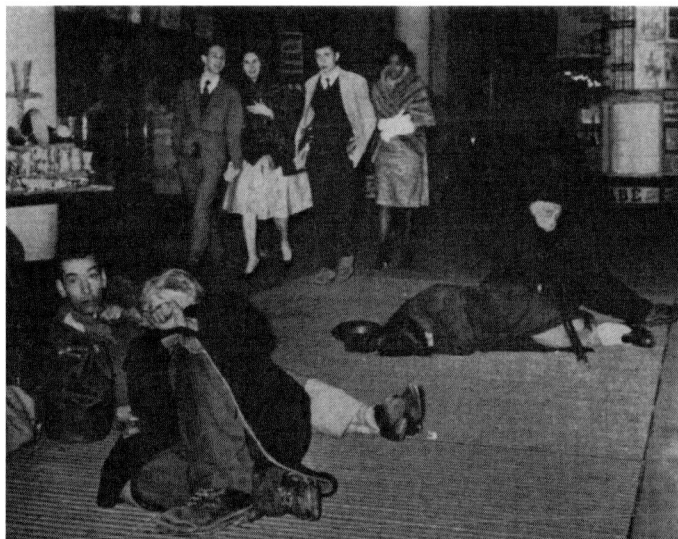

Le secret de mon succès :

... rester soi-même ;

Weegee et son successeur.

... passer des nuits blanches.

Ça vaut le coup, non ?

Weegee et Yousuf Karsh, un autre grand photographe.

Captain Edward Steichen.

(Avec mes remerciements pour votre aide et vos encouragements. Weegee.)

Générique

Mon appareil préféré aujourd'hui est le Hassel-
blad. J'ai aussi obtenu de bons résultats avec des
objectifs Carl Zeiss, avec le Polaroid, le Rollei, le
Speed Graphic, le 35 mm Yashica Pentamatic, le
Practina, le Nikon et le Mamiyaflex. J'utilise des
agrandisseurs Omega et Durst, des pellicules
Ansco Super Hypan et Ansco Super Chrome
Couleur, et un trépied Tiltall. Pour mes travaux
cinématographiques, j'ai aimé la Bolex. Un coup
de chapeau aussi à Schur et Appel, designers
industriels, qui se sont attelés aux objectifs
Weegeescope, ainsi qu'aux Produits Accura
Photo et Test Rite. Enfin, merci à American Air-
lines qui m'a transporté d'un bout à l'autre des
États-Unis et à El Al Israel Airlines qui m'a permis de sillonner l'Europe.

Note sur l'auteur

Arthur Fellig, surnommé Weegee par les filles d'après le jeu de société à la mode « ouija » (orthographe officielle par Weegee, qui d'autre ?), arriva aux États-Unis à l'âge de dix ans, et grandit dans les vieux immeubles du Lower East Side de New York. Il était encore tout jeune quand il acheta son premier appareil, et avec un poney opportunément nommé « Hypo », se mit à tourner dans le quartier pour prendre les enfants en photo les samedis et dimanches. Plus tard, il travailla comme vendeur de bonbons ambulant, garçon de salle dans un restaurant Automat, et comme aide dans un studio de photos d'identité. Sa véritable carrière débuta quand, squattant la chambre noire de l'agence Acme Newspictures, il se précipitait pour couvrir les faits divers avec son appareil.

Non conformiste depuis le jour de sa naissance, Weegee devint célèbre alors qu'il hantait encore le QG de la police de Manhattan. (Il finit par couvrir tant de crimes à sensations qu'il fut considéré comme le photographe officiel de Murder, Inc. ; les « gars » le rencardant souvent sur le lieu et la date des meurtres importants à venir.) Quand il découvrit que ses photos de la ville et de ses autochtones dans leurs mille et une activités quotidiennes avaient le pouvoir d'émouvoir les gens du rire aux larmes, les dés en furent jetés. La photographie serait l'œuvre de sa vie. Sans argent, sans formation, sinon celle qu'il se bricola sur le tas, il s'était rendu indispensable à la presse de son époque en devenant l'homme qui avait toujours les bonnes photos. Son esprit vif et fertile grouillait désormais d'idées sur la façon de pénétrer le cœur et la personnalité de ses sujets. Photographier les gens débarrassés de leurs masques devint son but ultime. L'appareil devait se faire humain entre ses mains.

Déjà à cette époque, il tamponnait le verso de ses photos de la mention « par le célèbre Weegee ». Tandis qu'on lui conseillait d'attendre un peu la reconnaissance universelle, il répondit qu'il était bien trop PRESSÉ (les capitales sont de lui). Il travaillait vingt-quatre heures sur vingt-quatre chaque jour de la semaine, et regrettait même les quelques heures

*qu'il devait céder au sommeil. Quand la reconnais-
sance finit par venir, et que le monde comprit que cet
homme qui n'avait pas besoin de studio savait saisir
en un coup de flash ce que d'autres peinaient à réaliser en plusieurs heures, le photographe du crime
tourna la page. Il consacra désormais ses iconoclastes
talents à la jet-set, à la publicité, et aux effets spéciaux pour le cinéma — toujours à la photographie,
donc.*

En 1945, il donna au monde son livre Naked
City, *qu'Hollywood transforma en film. « Les jours
où je me heurtais aux murs étaient terminés. » Il
enchaîna avec un autre livre,* Naked Hollywood,
*puis avec des voyages à l'étranger et avec l'invention
de lentilles de trucage et autres fines techniques qui lui
permirent de développer ses fameuses photos-caricatures. Il chercha toujours à élargir ses horizons, et à
approfondir sa connaissance de l'être humain. Il resta
toujours lui-même, fuyant le conventionnel, réservant
son mépris aux seuls précautionneux. Weegee est le
dernier des géants de la turbulente adolescence de la
photographie.*

*Cet ouvrage a été achevé d'imprimer par l'imprimerie Dupli-Print (95)
à Domont en février 2015 pour le compte des
Éditions de La Table Ronde.*

Dépôt légal : octobre 2009.
N° d'édition : 286304.
N° d'impression : 2015021742

[R 1]

Imprimé en France.